Schloss Moritzburg
Ein Streifzug

Bauch
&
Schmittner

Impressum

© 2019, Bettina Bauch & Eckhard Schmittner

Titel: Schloss Moritzburg

Untertitel: Ein Streifzug

Fotografen Bettina Bauch, Eckhard Schmittner

Covergestaltung: Bauch/Schmittner

Alle Rechte vorbehalten

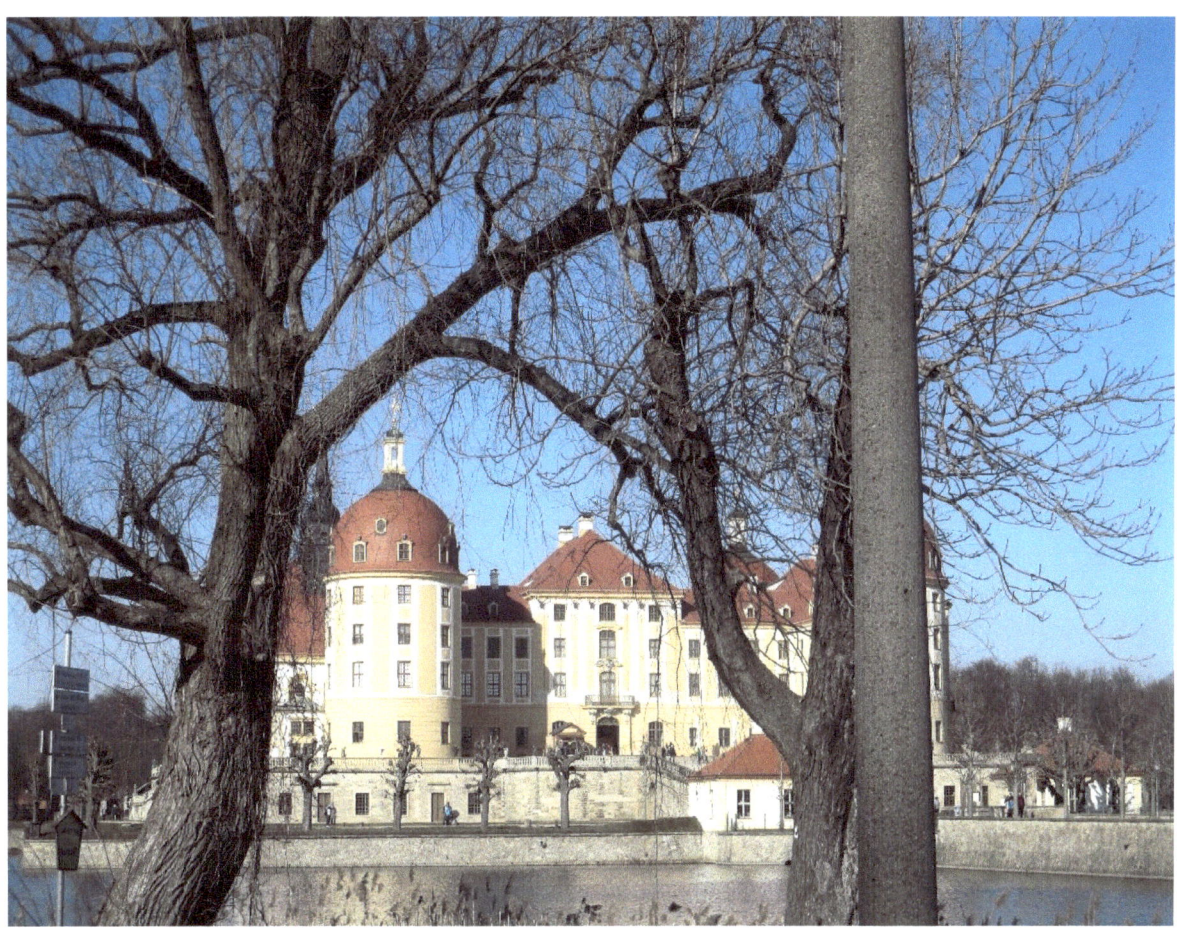
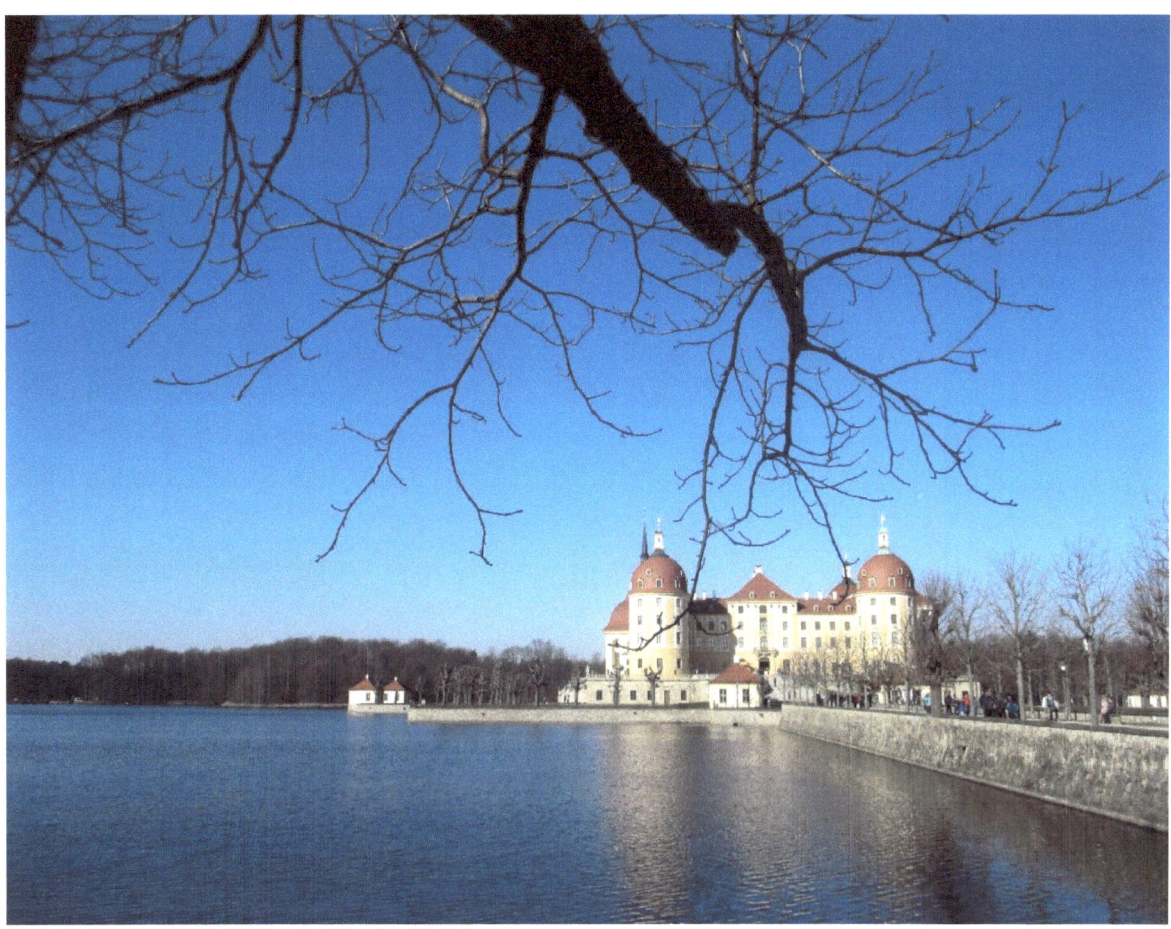

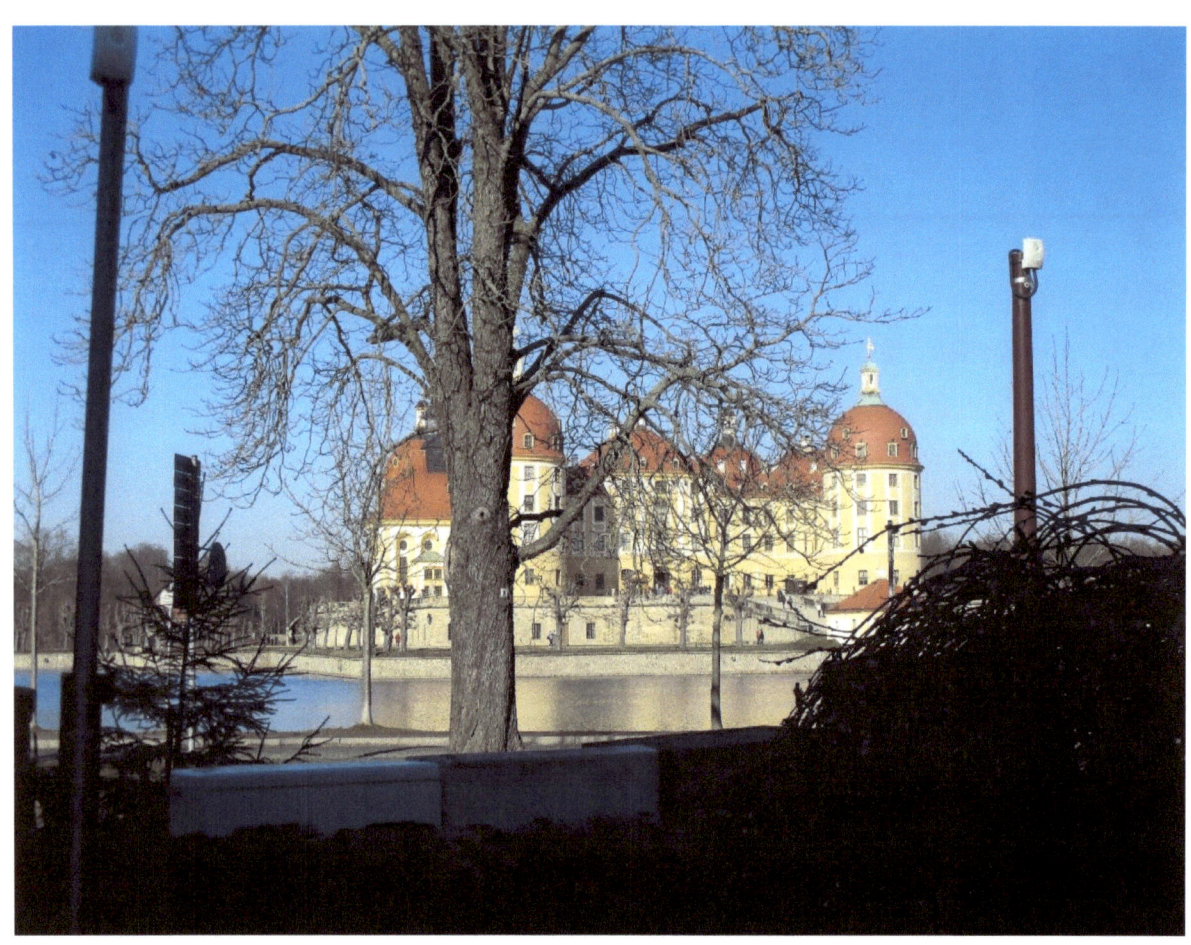
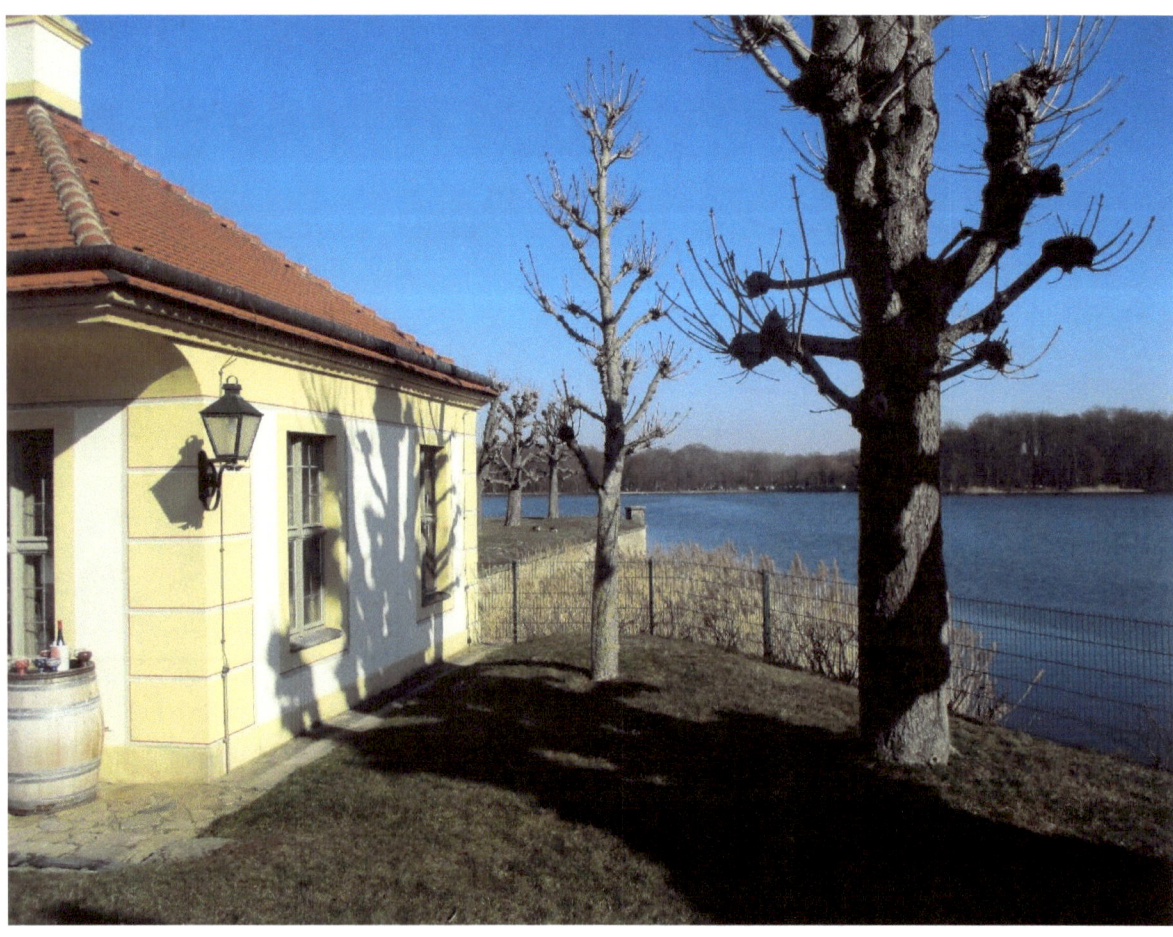

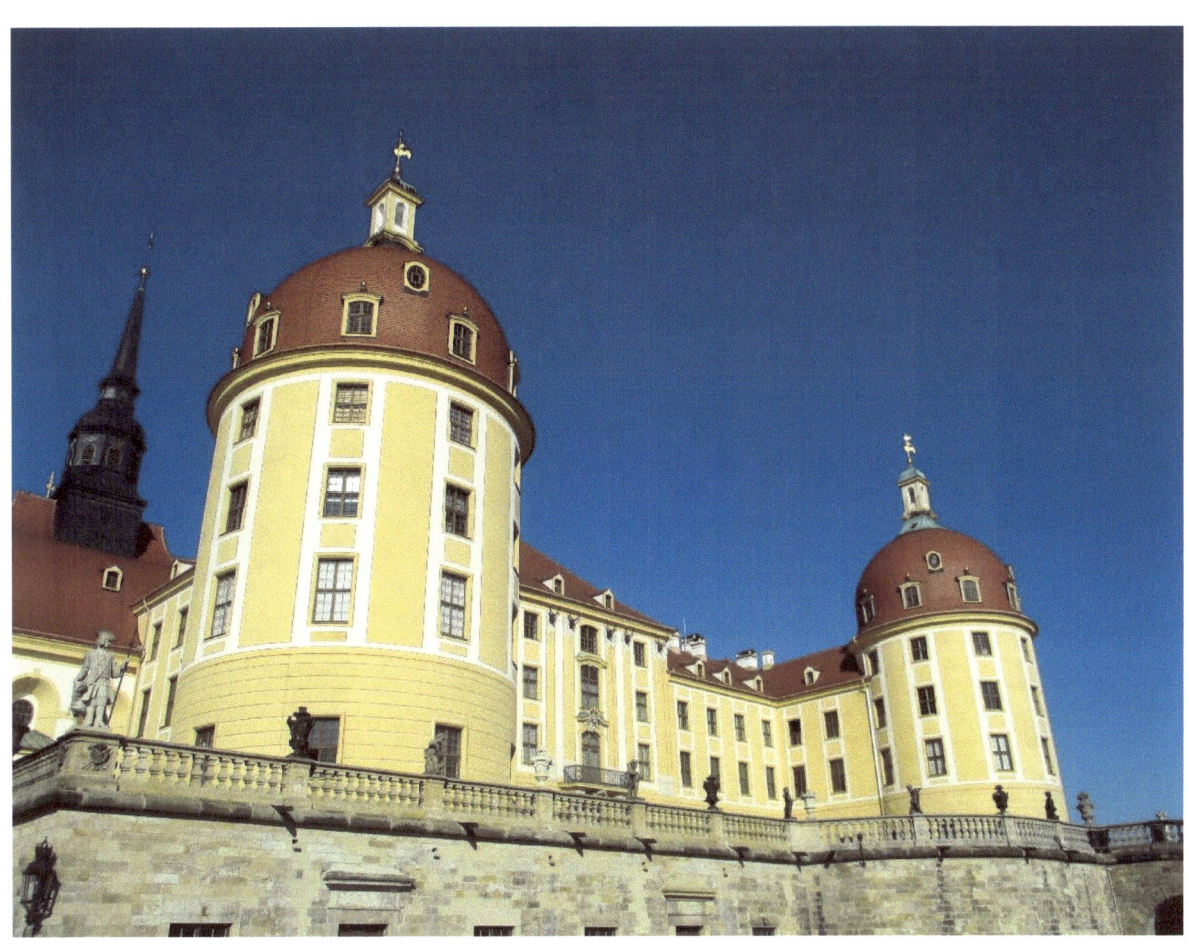
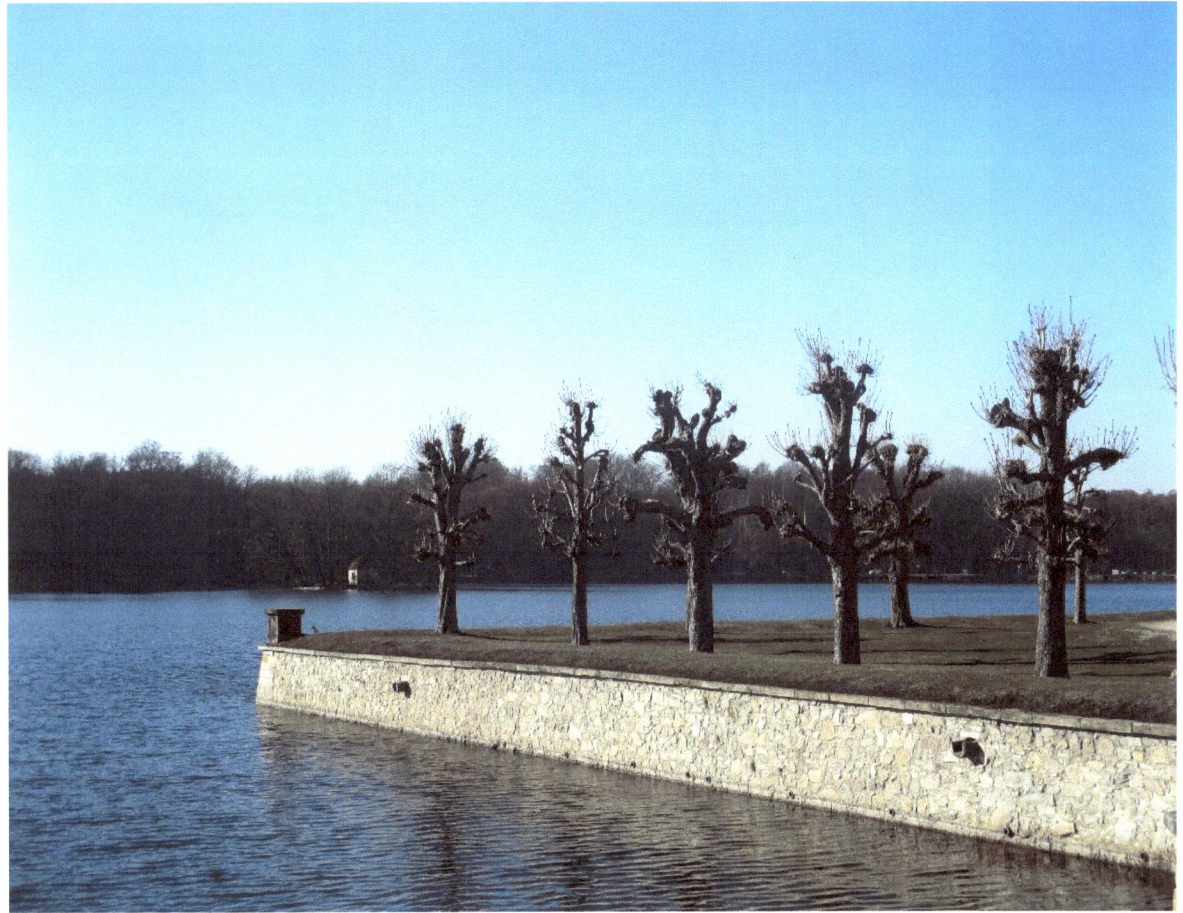

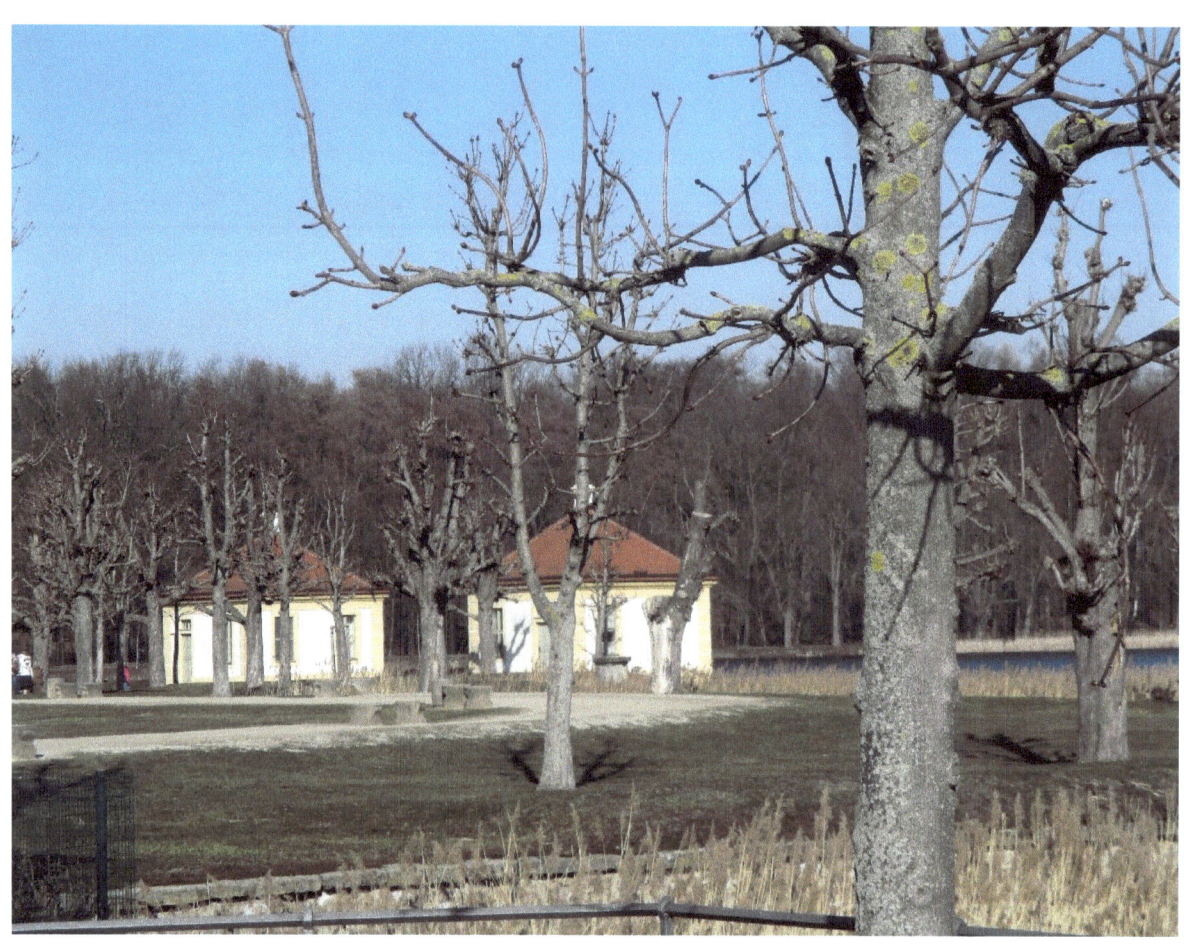
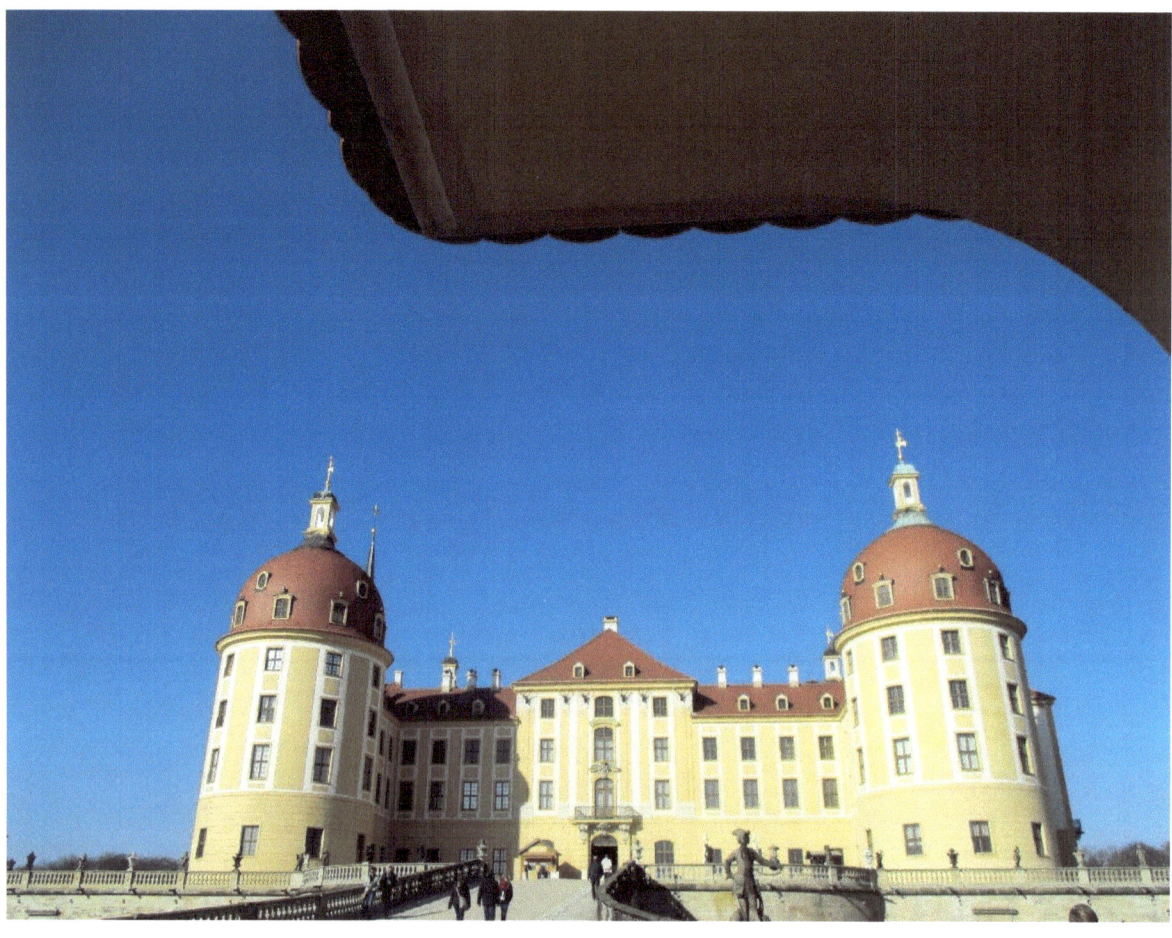

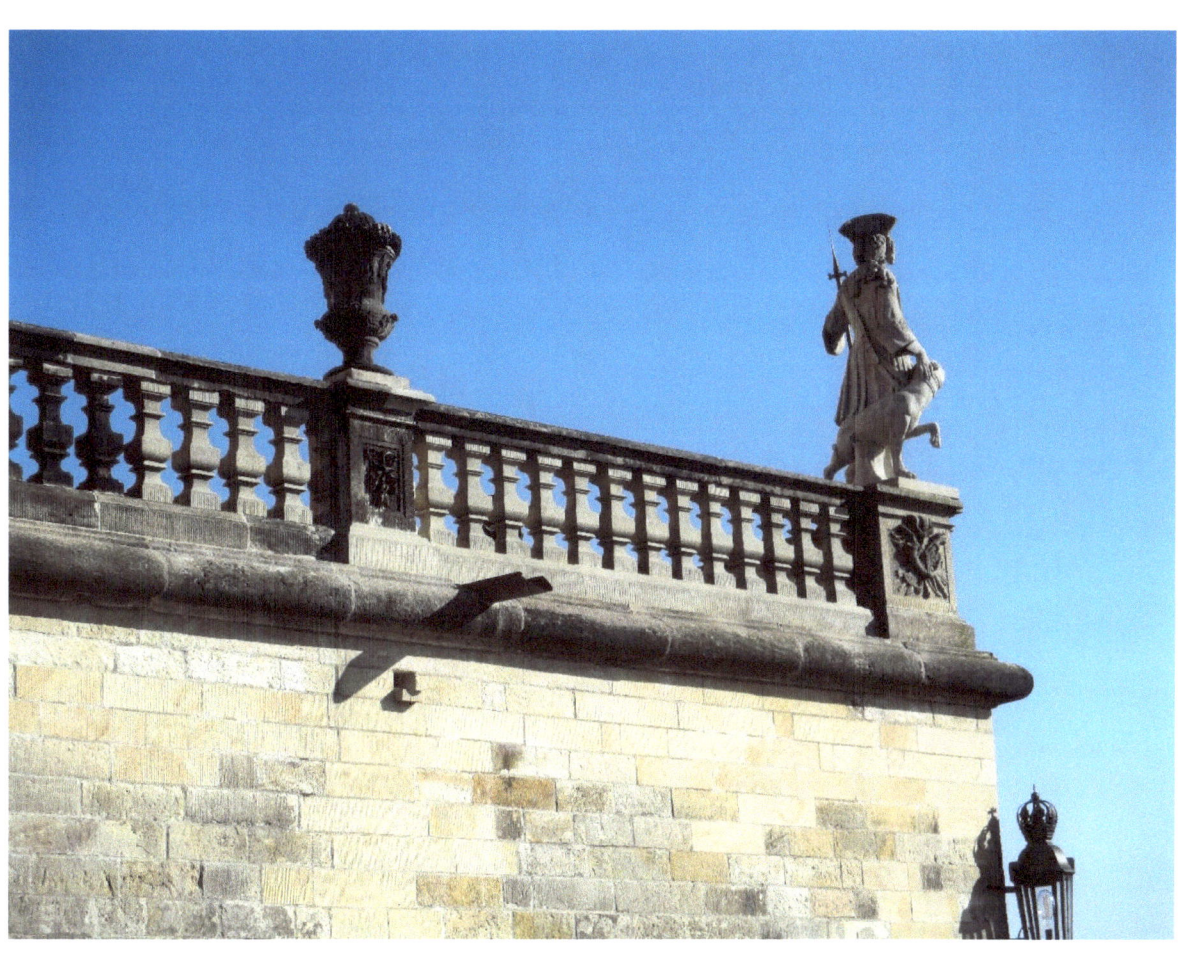
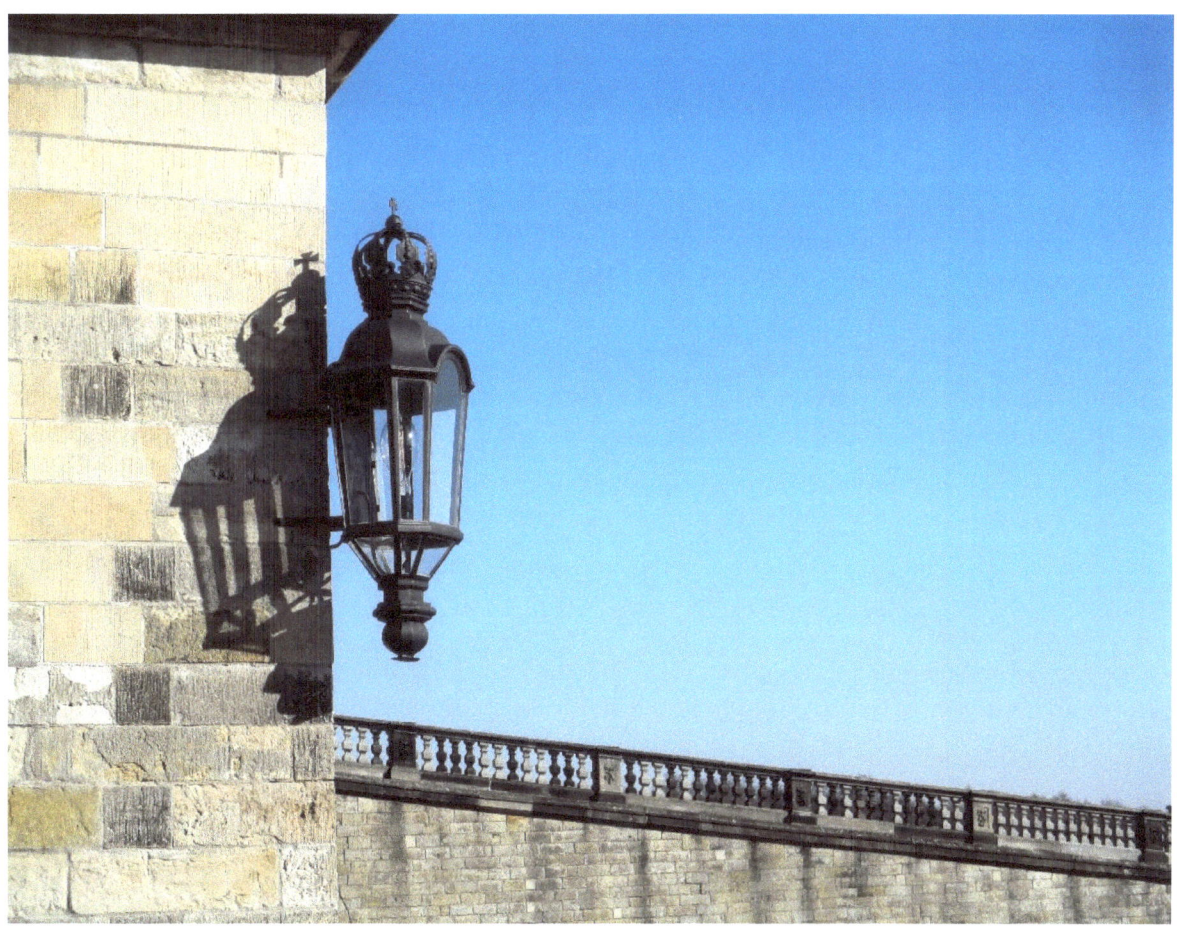

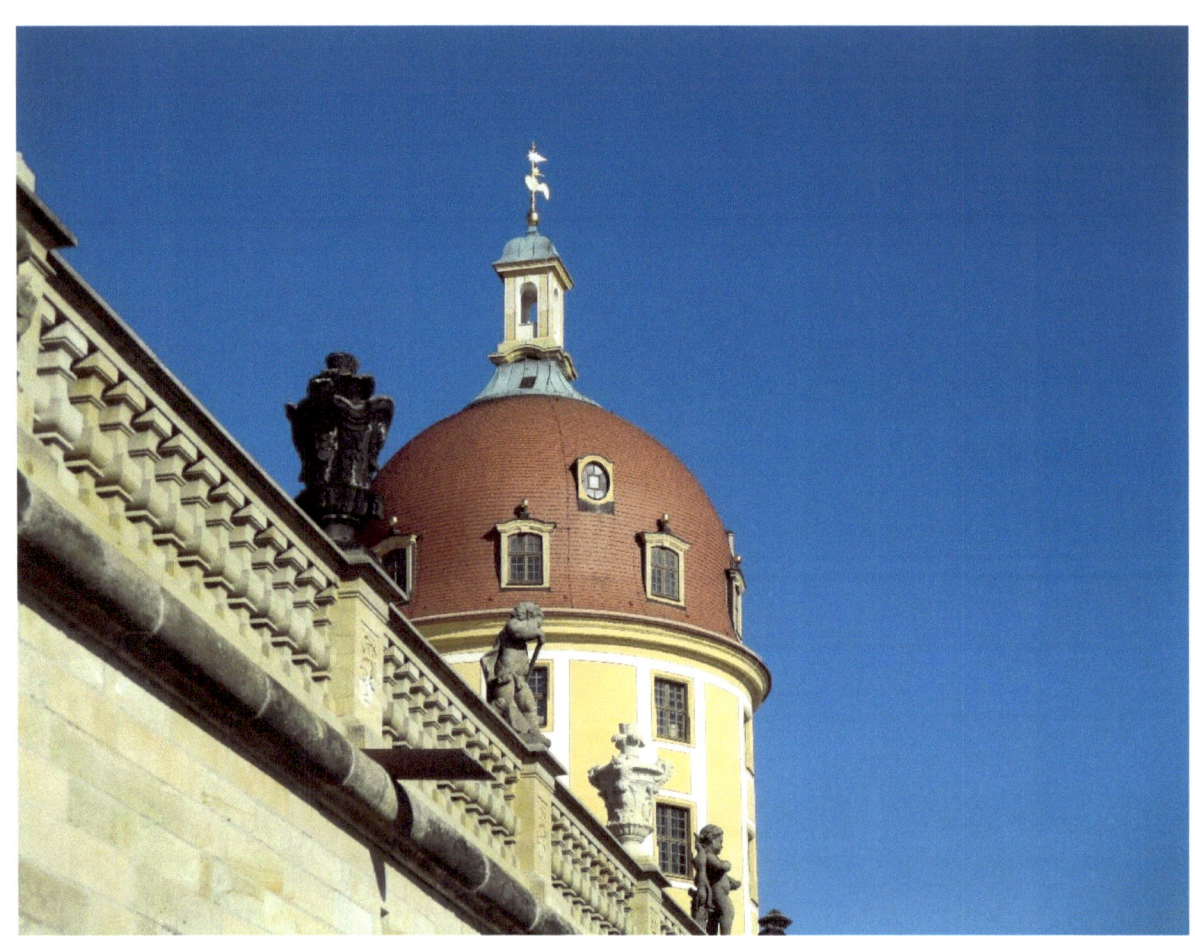

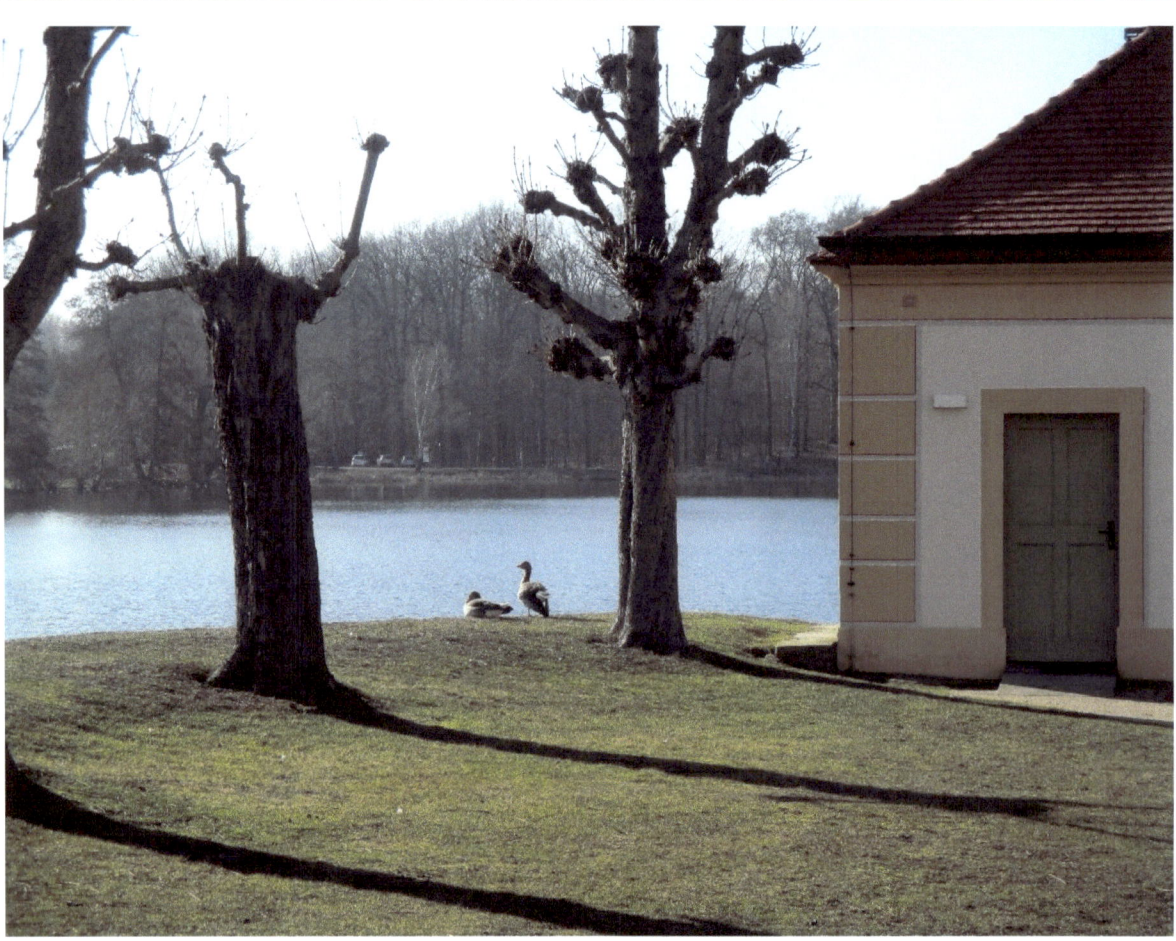

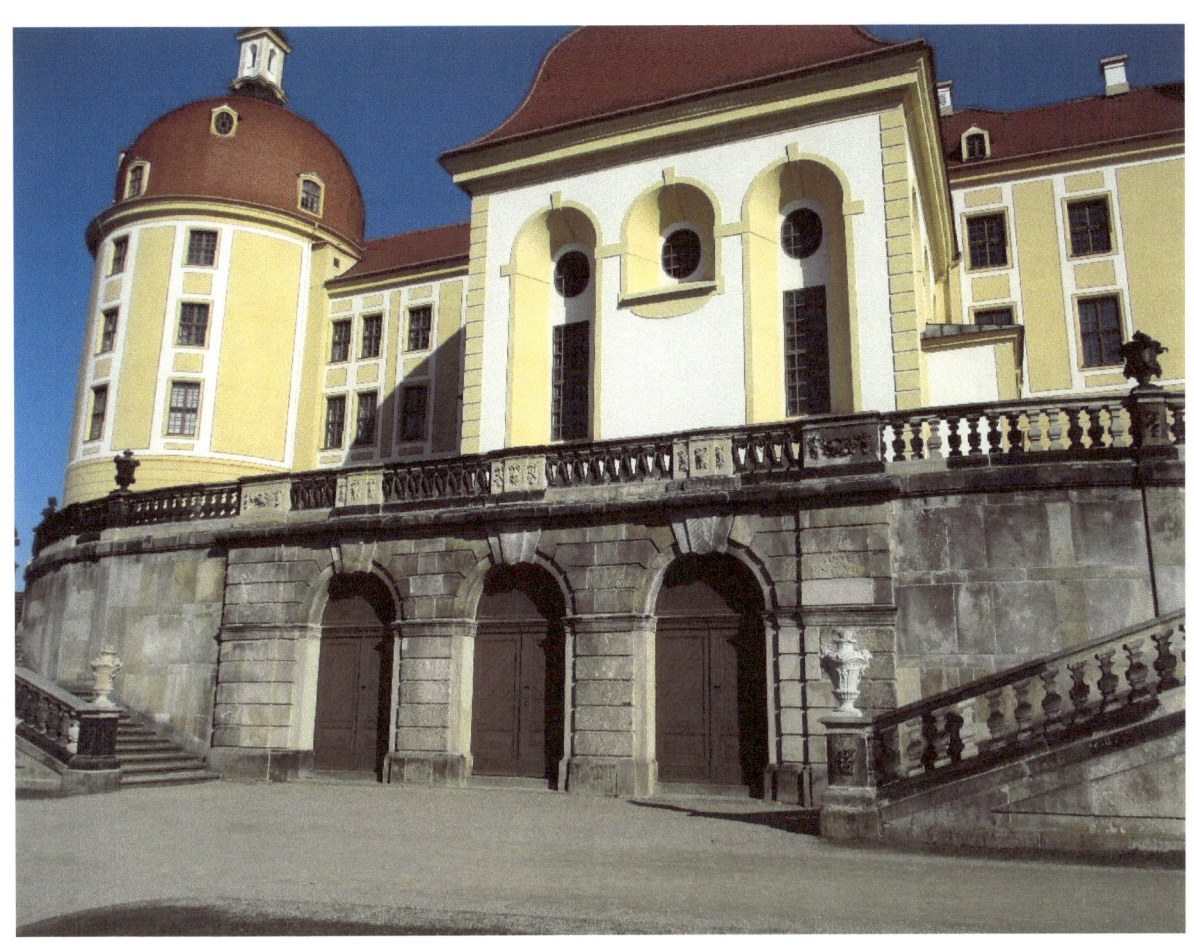
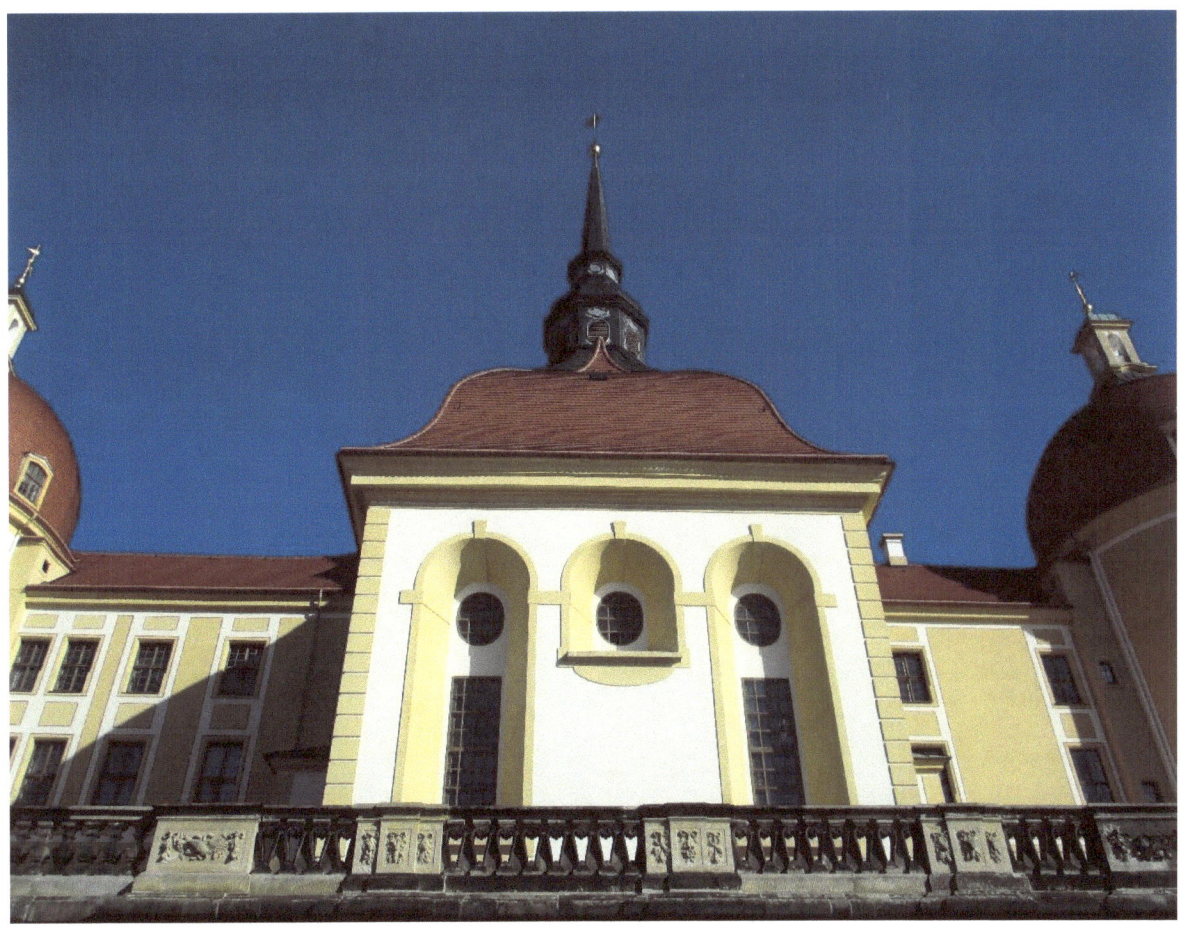

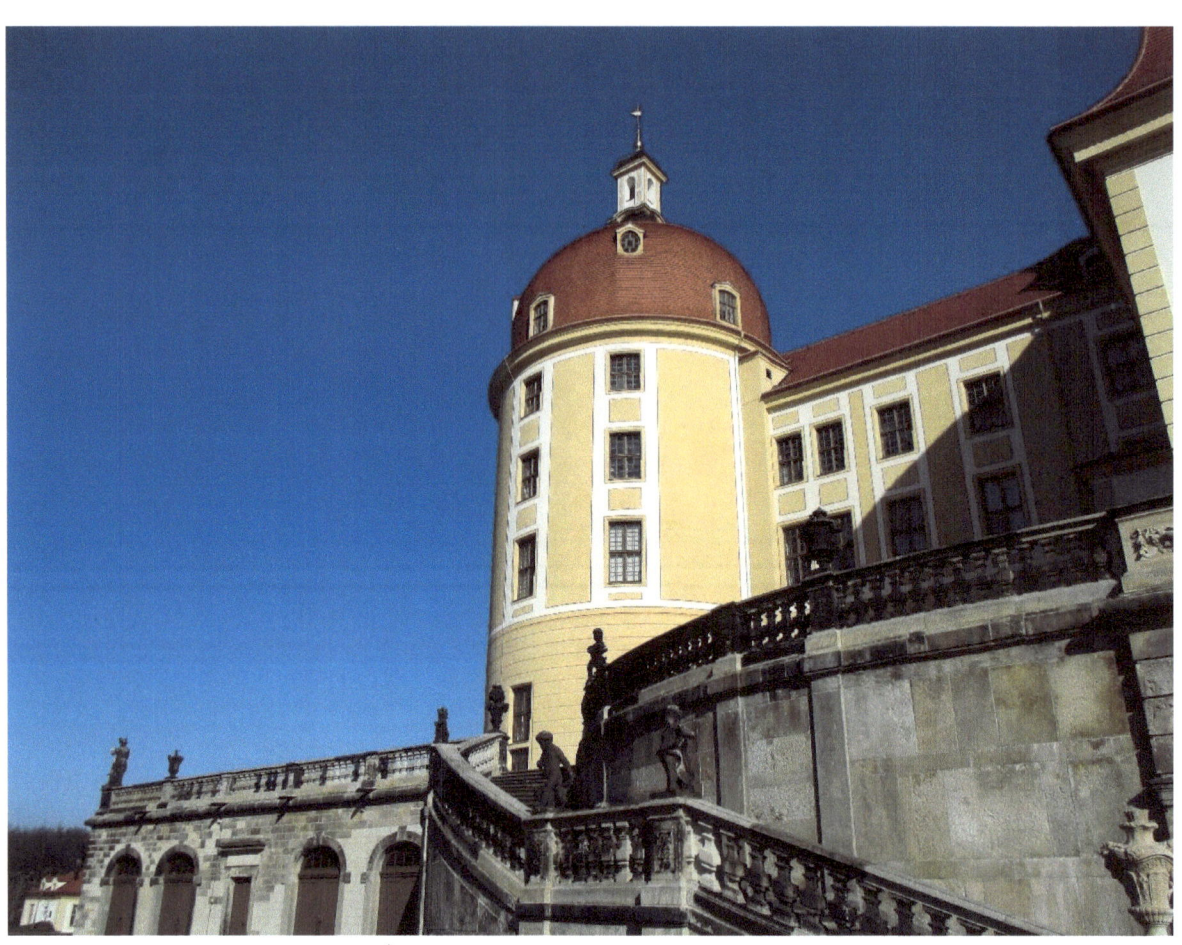
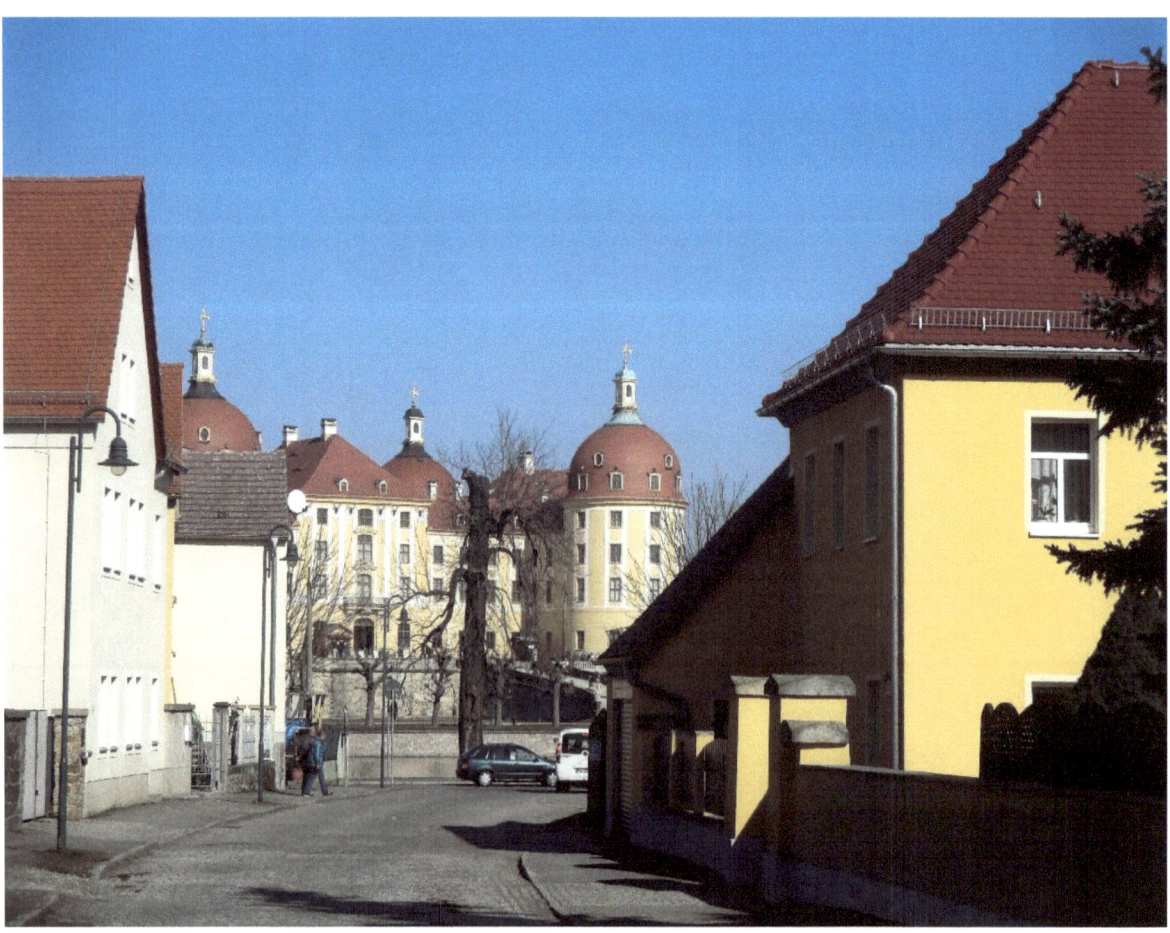

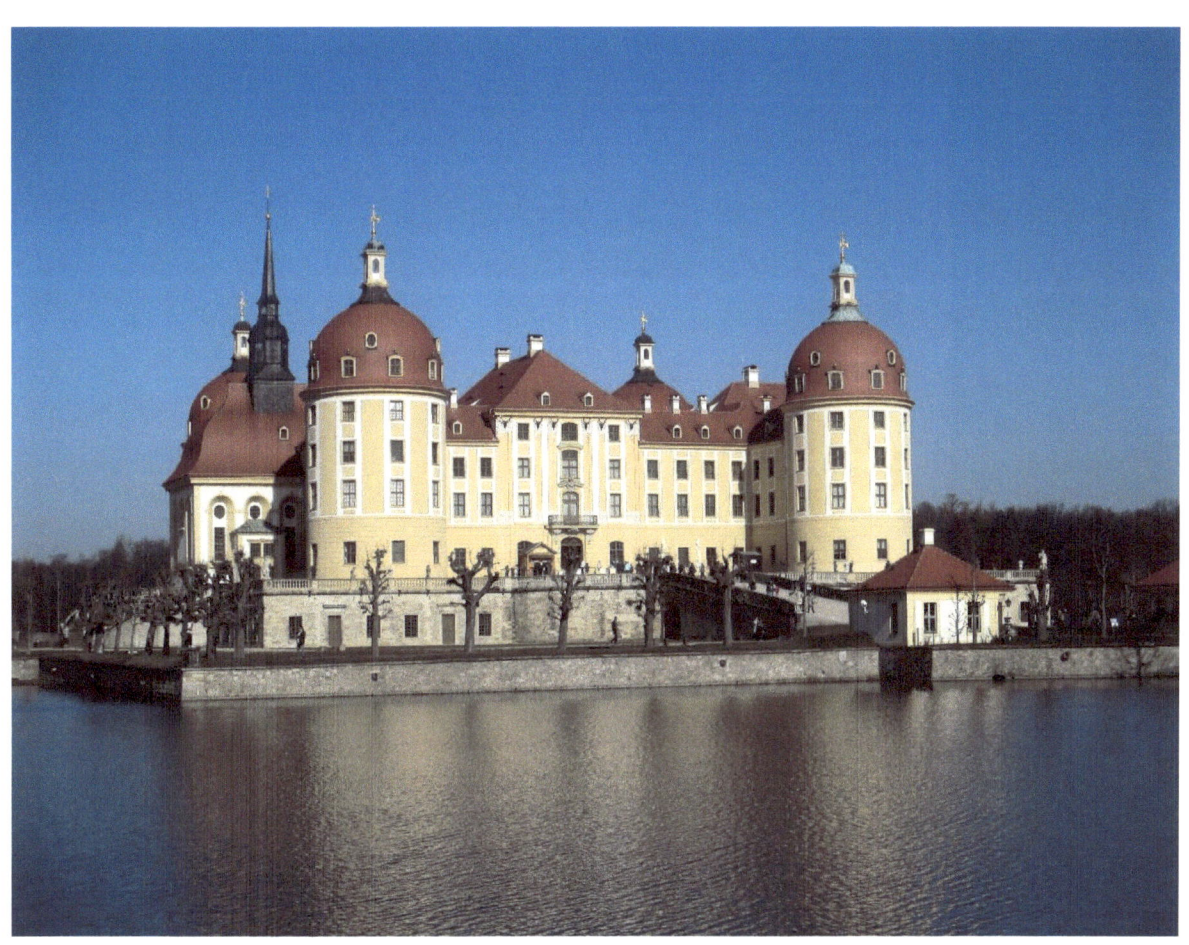

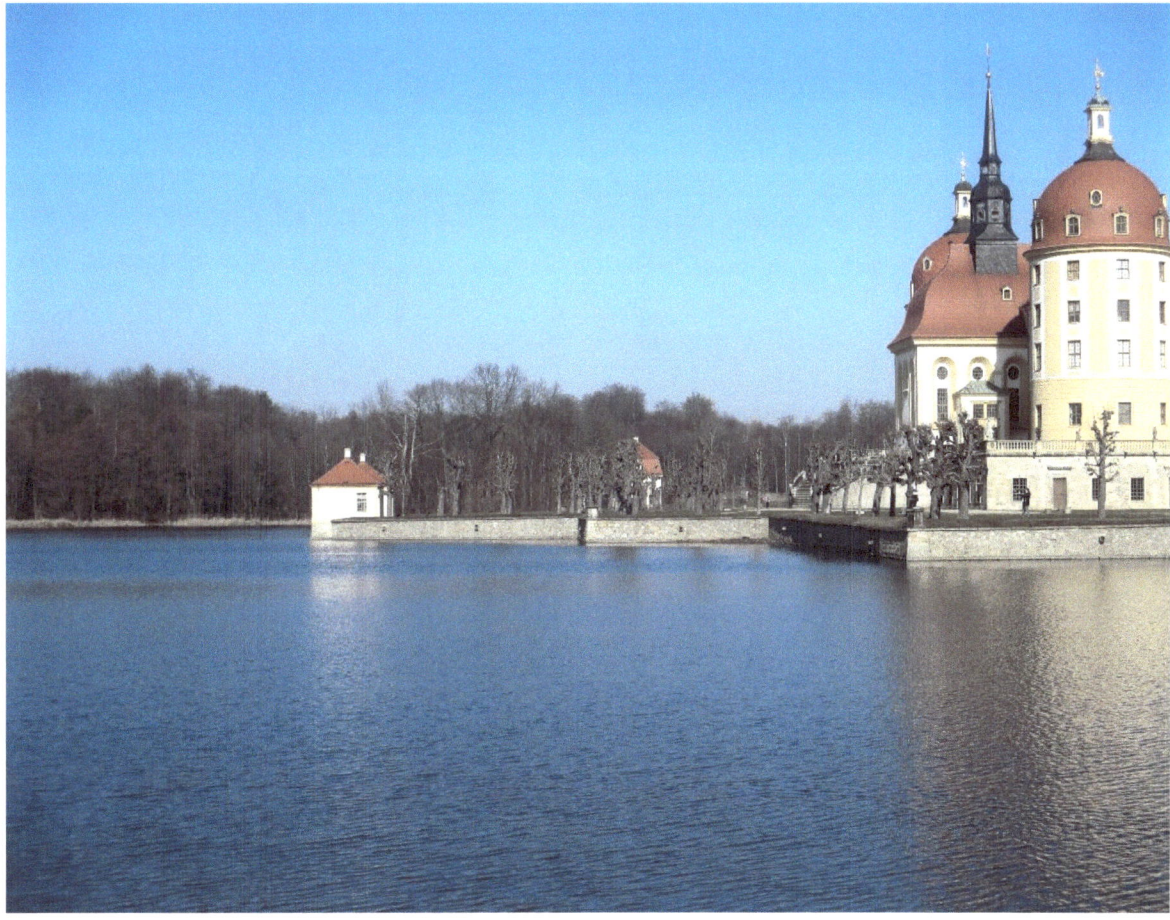

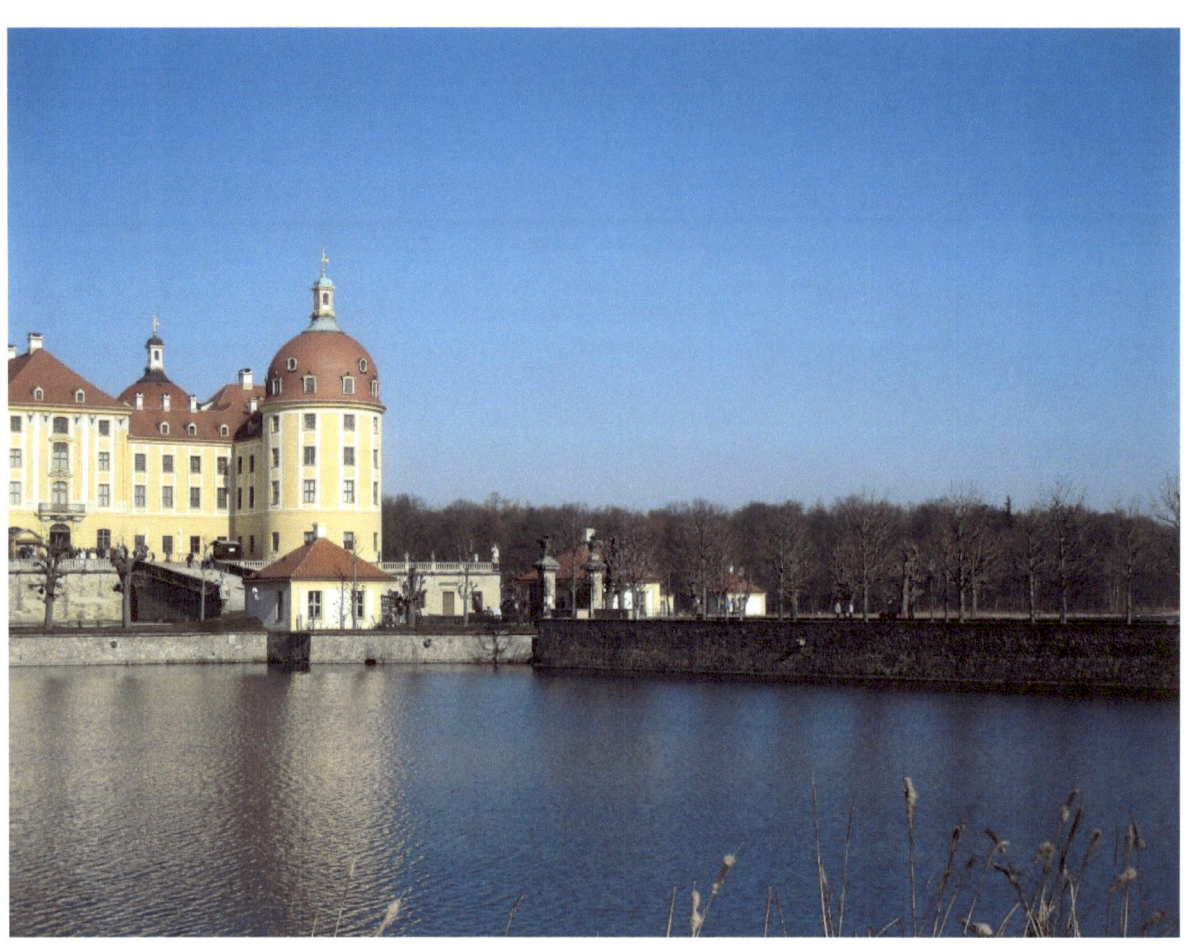
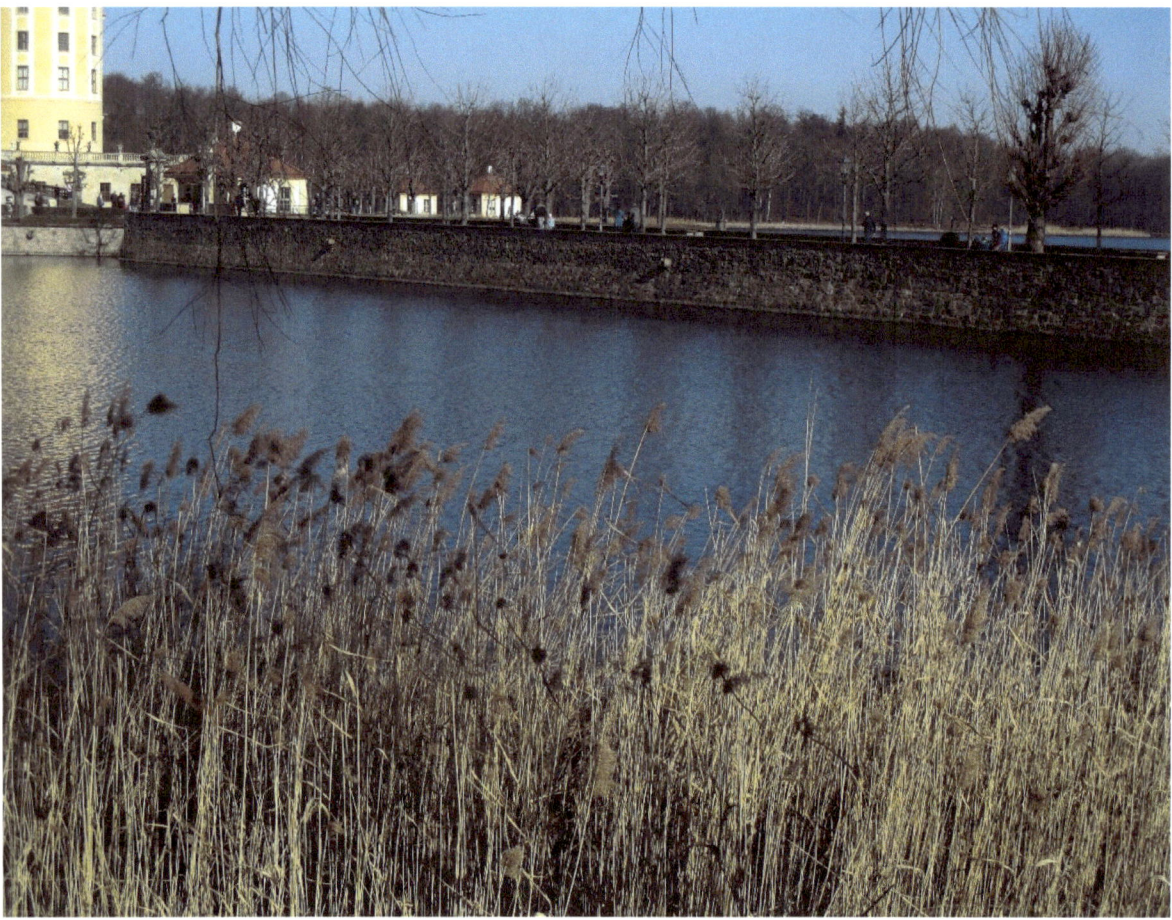

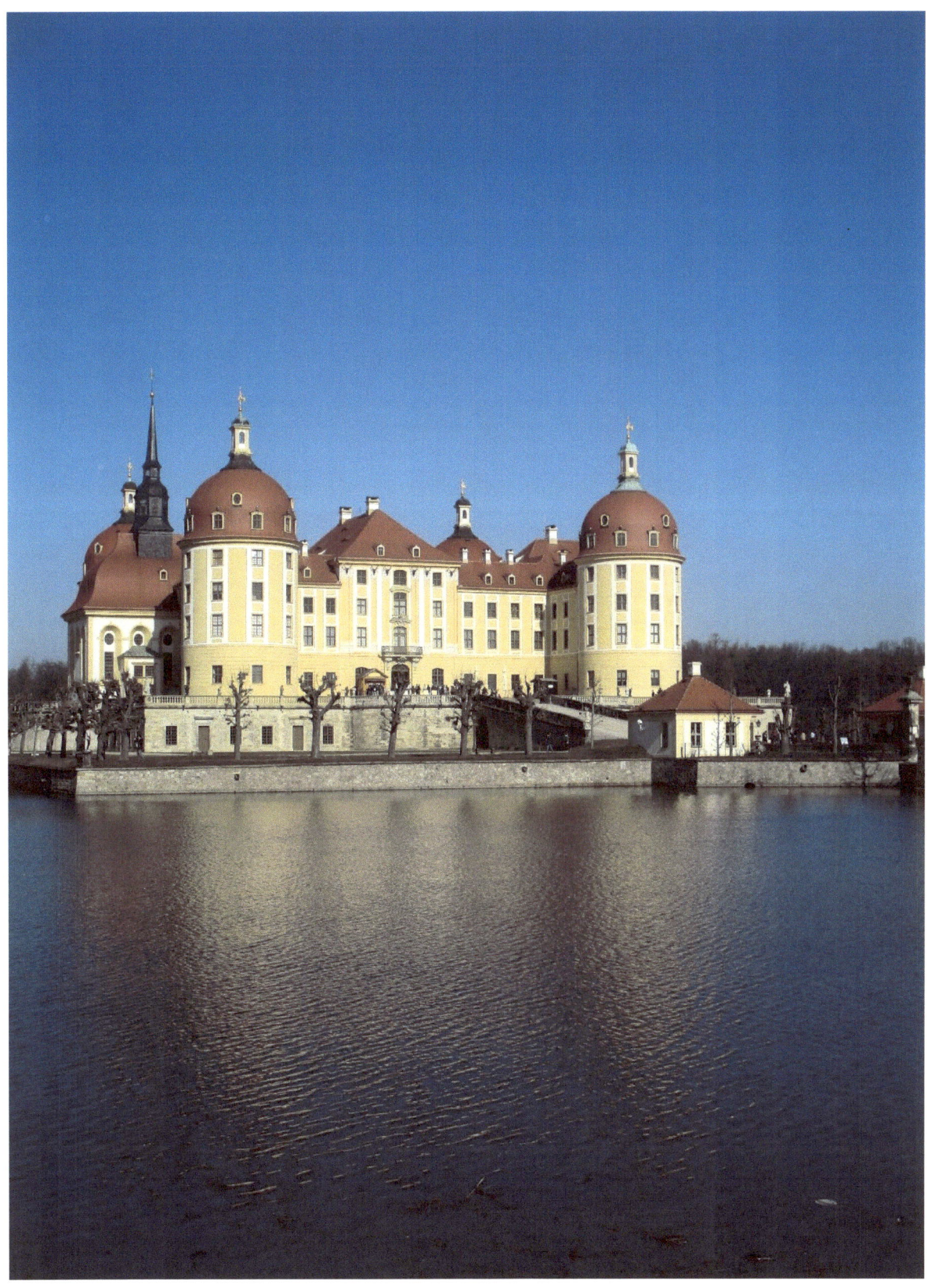

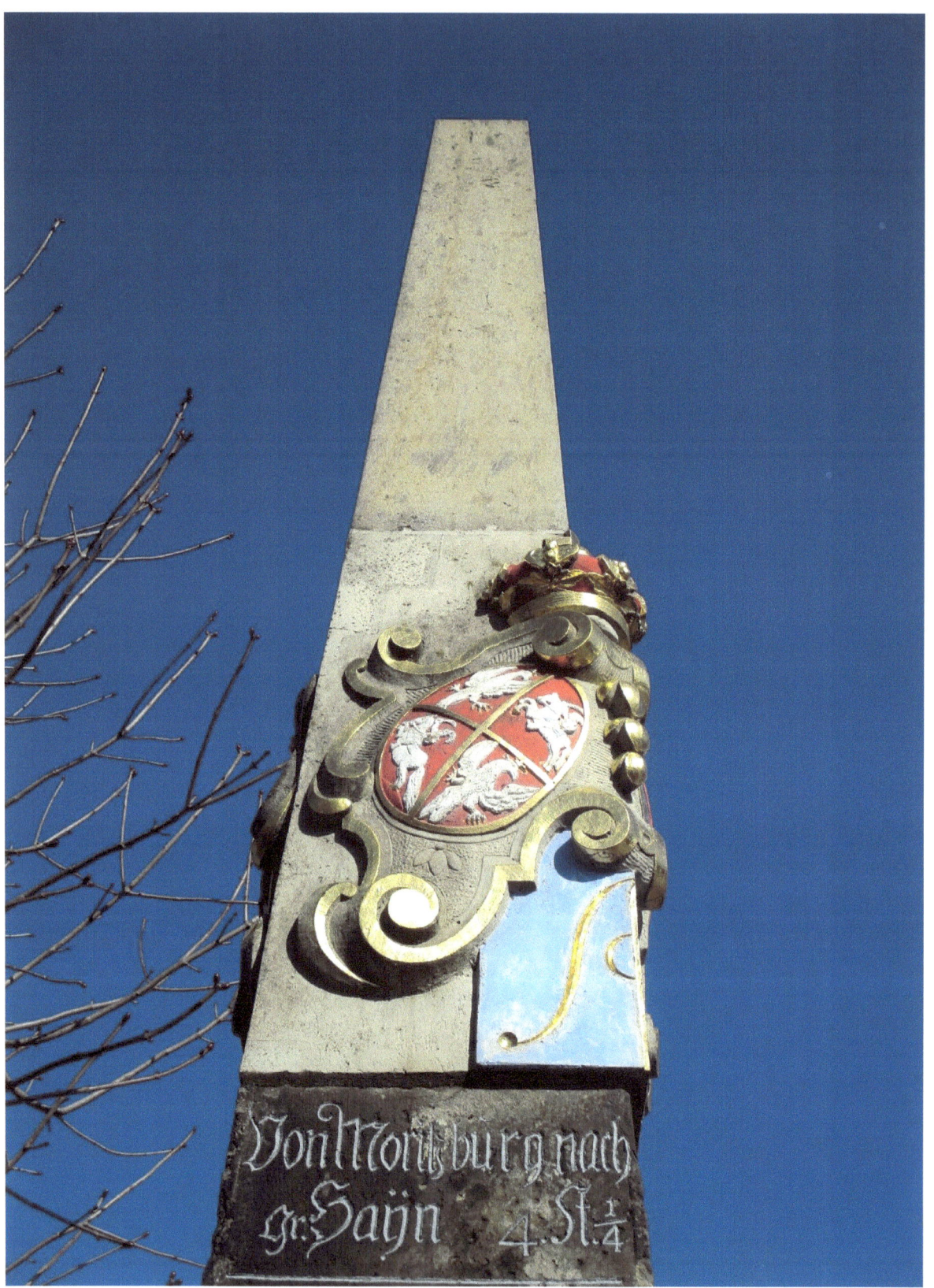

Von Moritzburg nach
gr. Hayn 4. St. 1/4

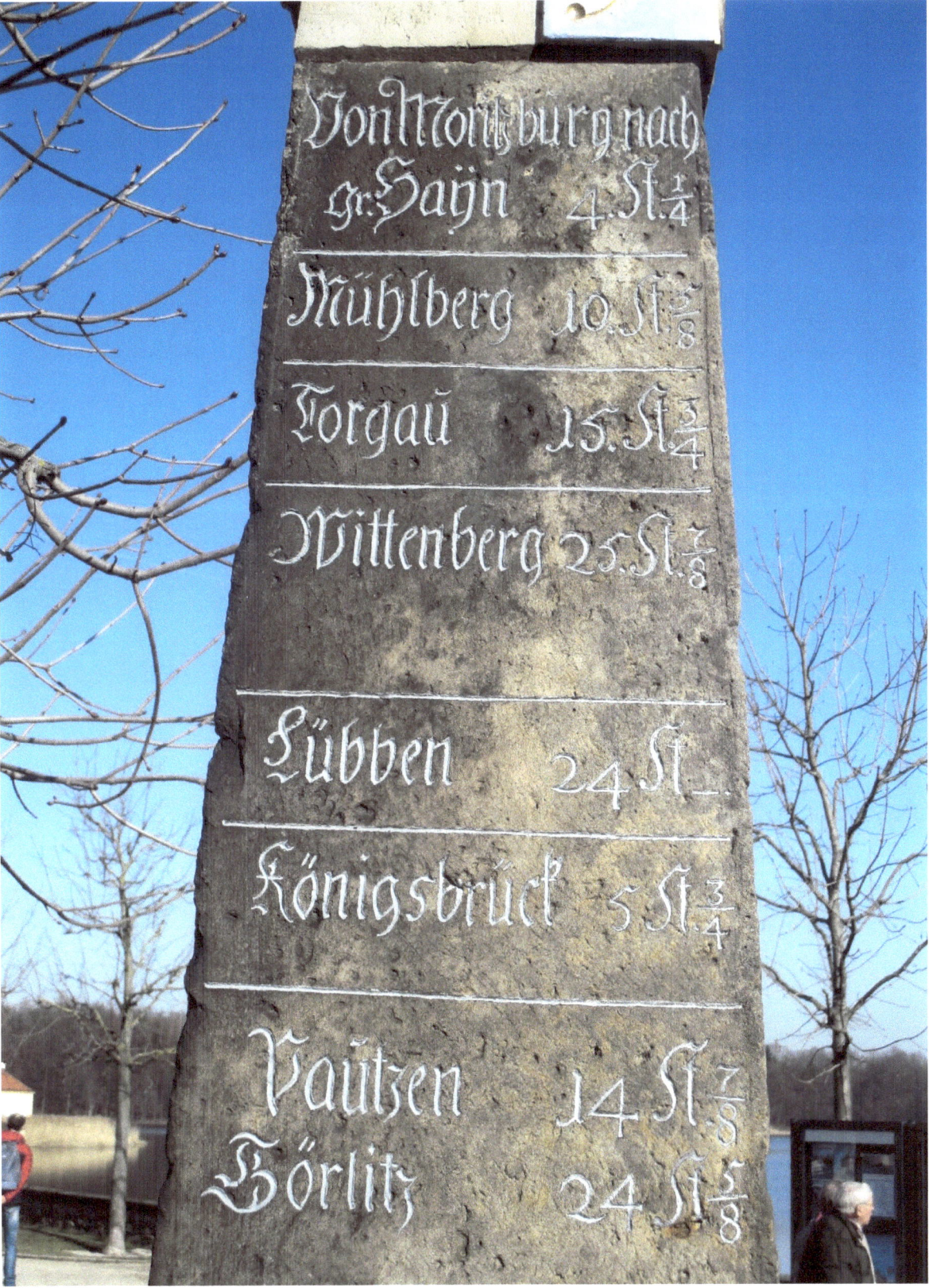

Von Moritzburg nach
gr. Hayn 4. St. 1/4

Mühlberg 10. St. 5/8

Torgau 15. St. 3/4

Wittenberg 25. St. 7/8

Lübben 24 St.

Königsbrück 5 St. 3/4

Bautzen 14 St. 7/8

Görlitz 24 St. 5/8

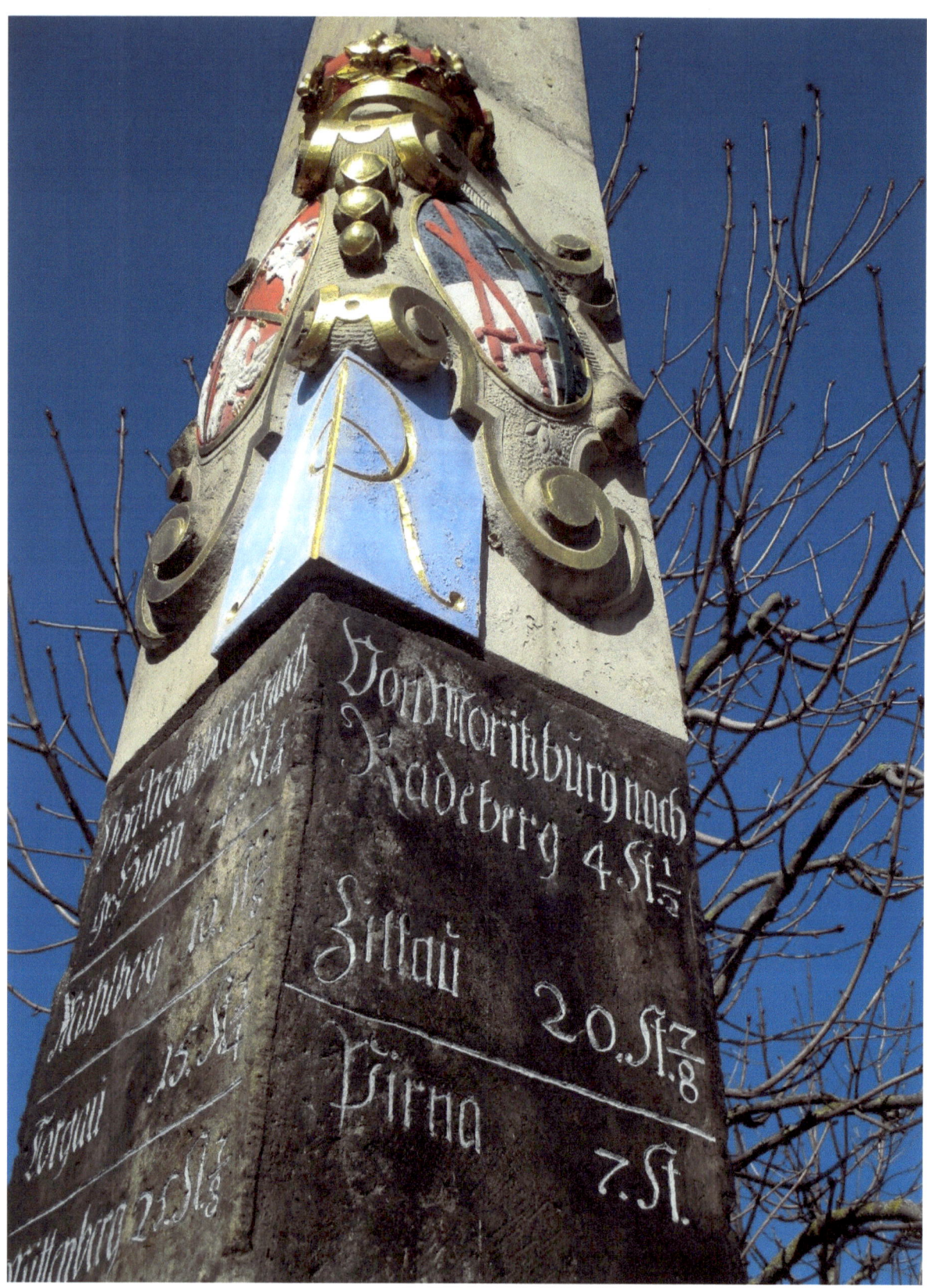

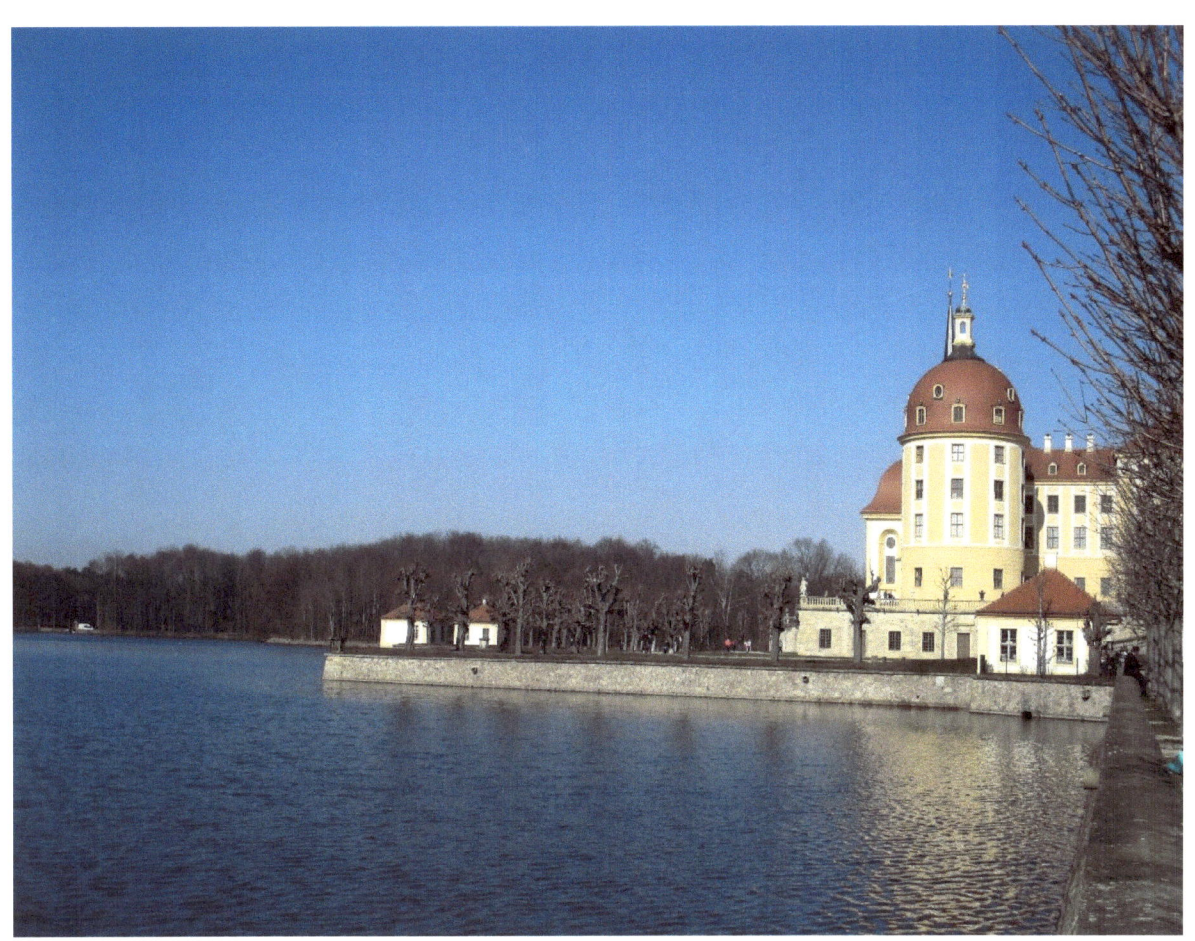

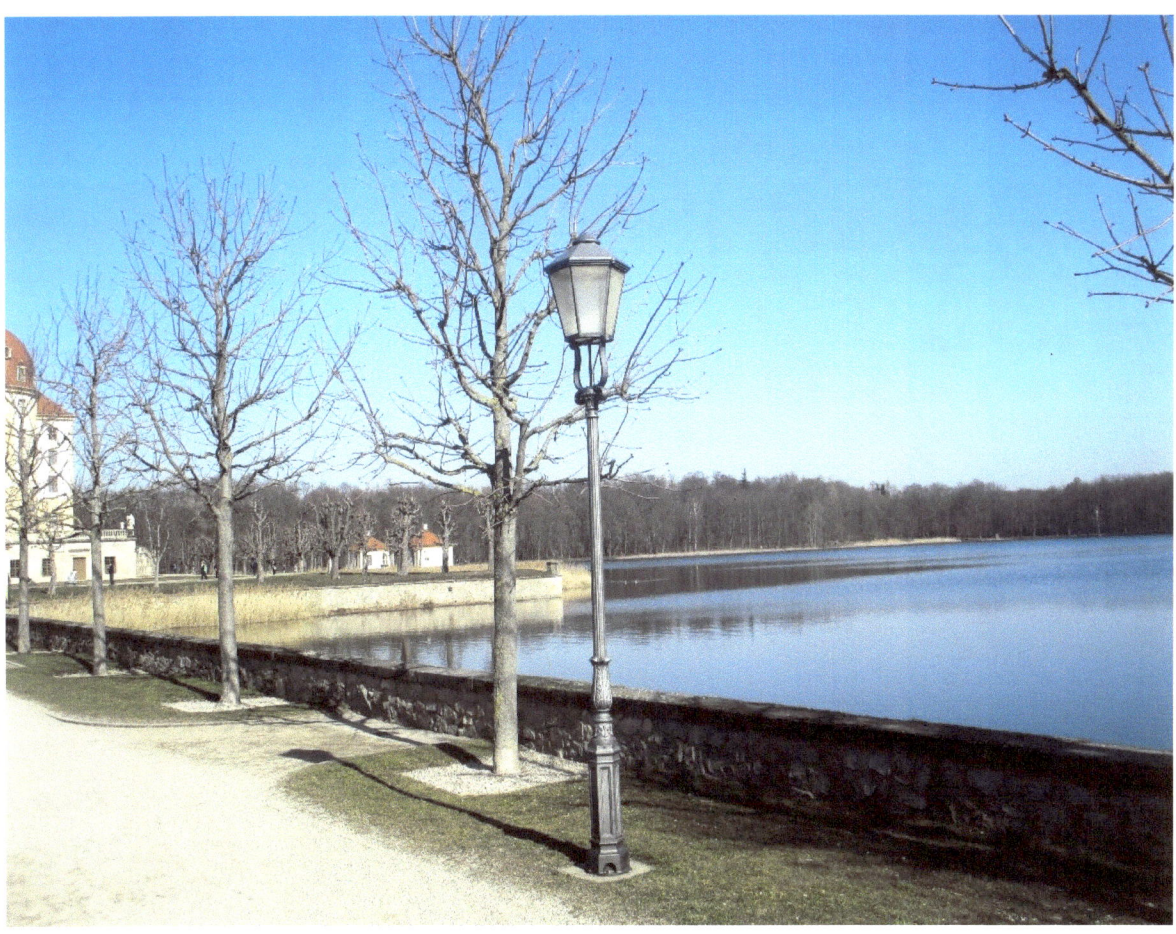

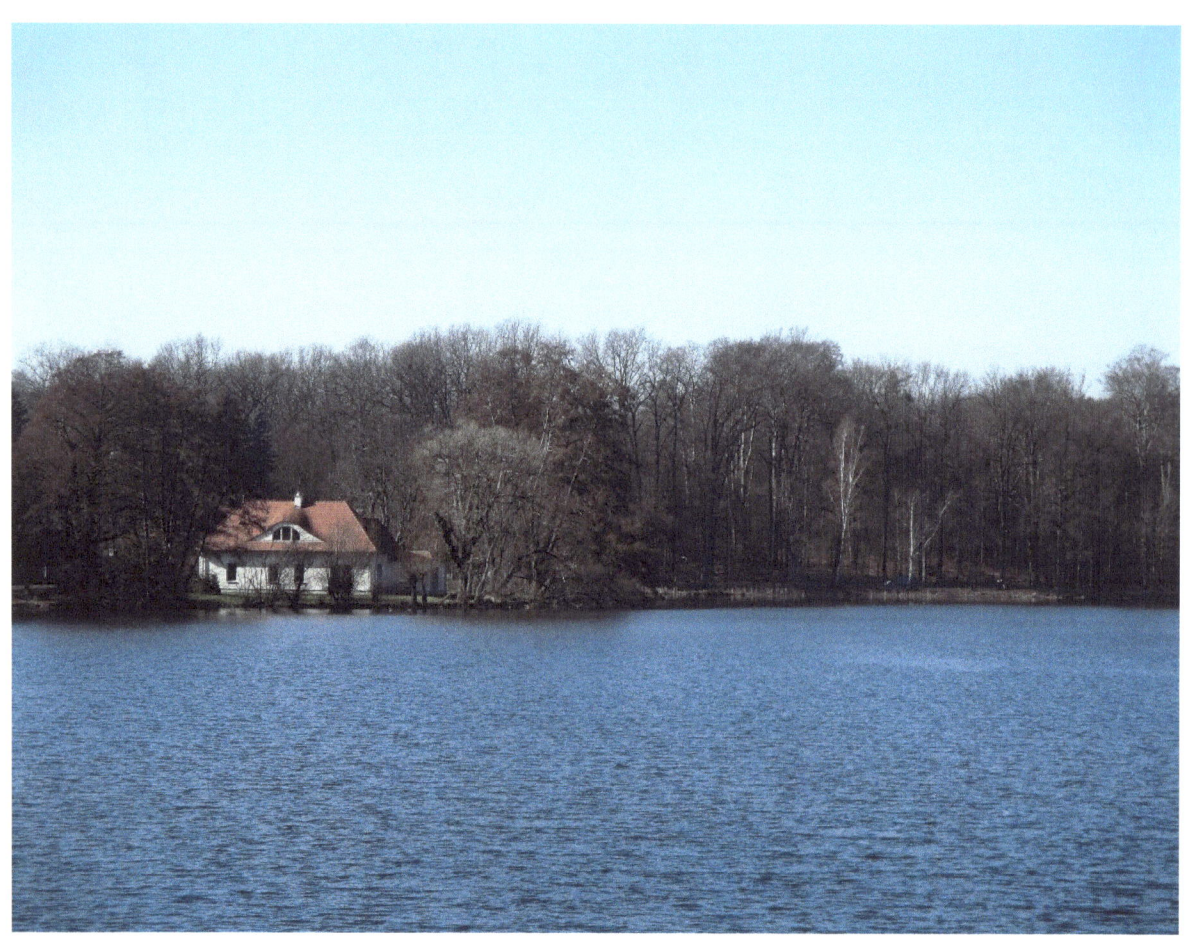
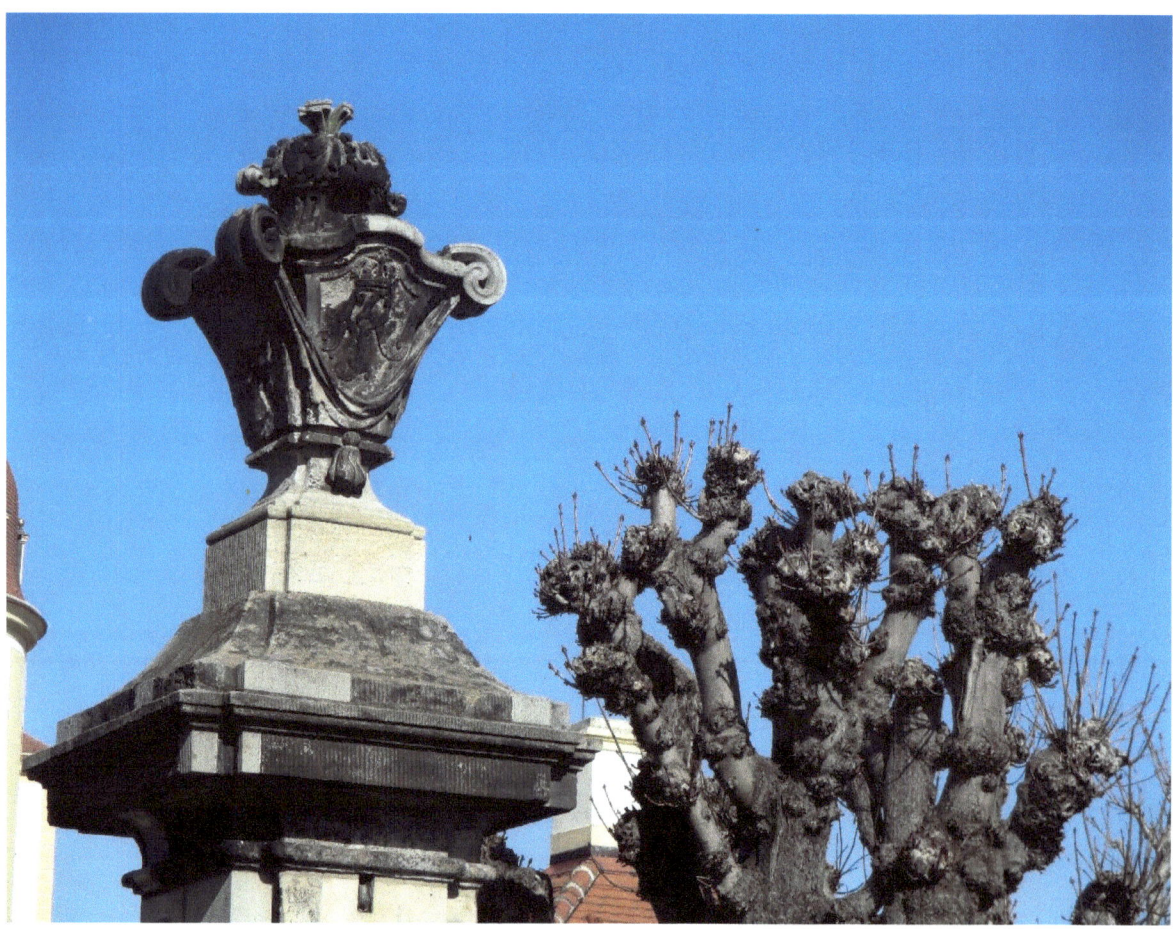

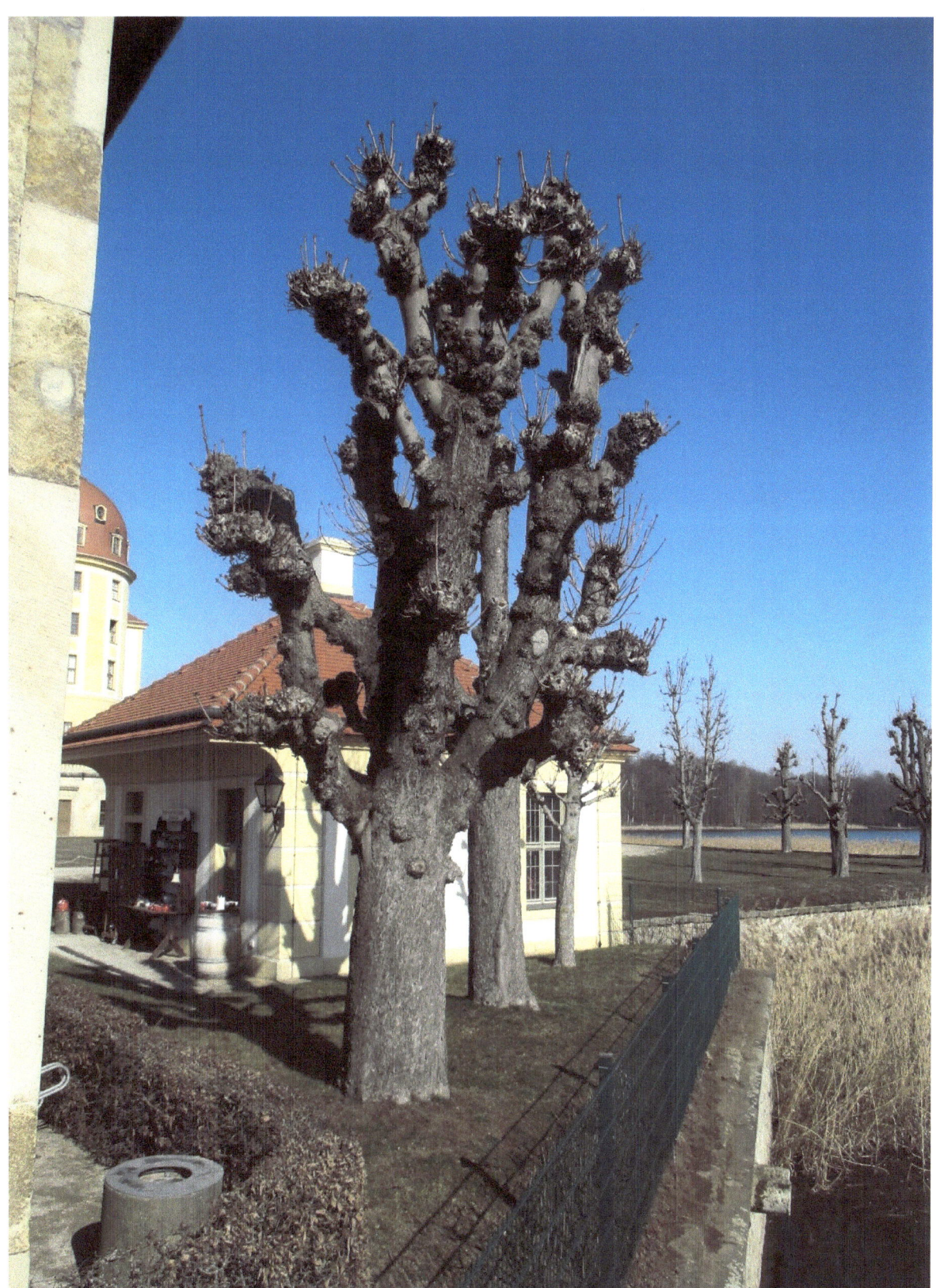

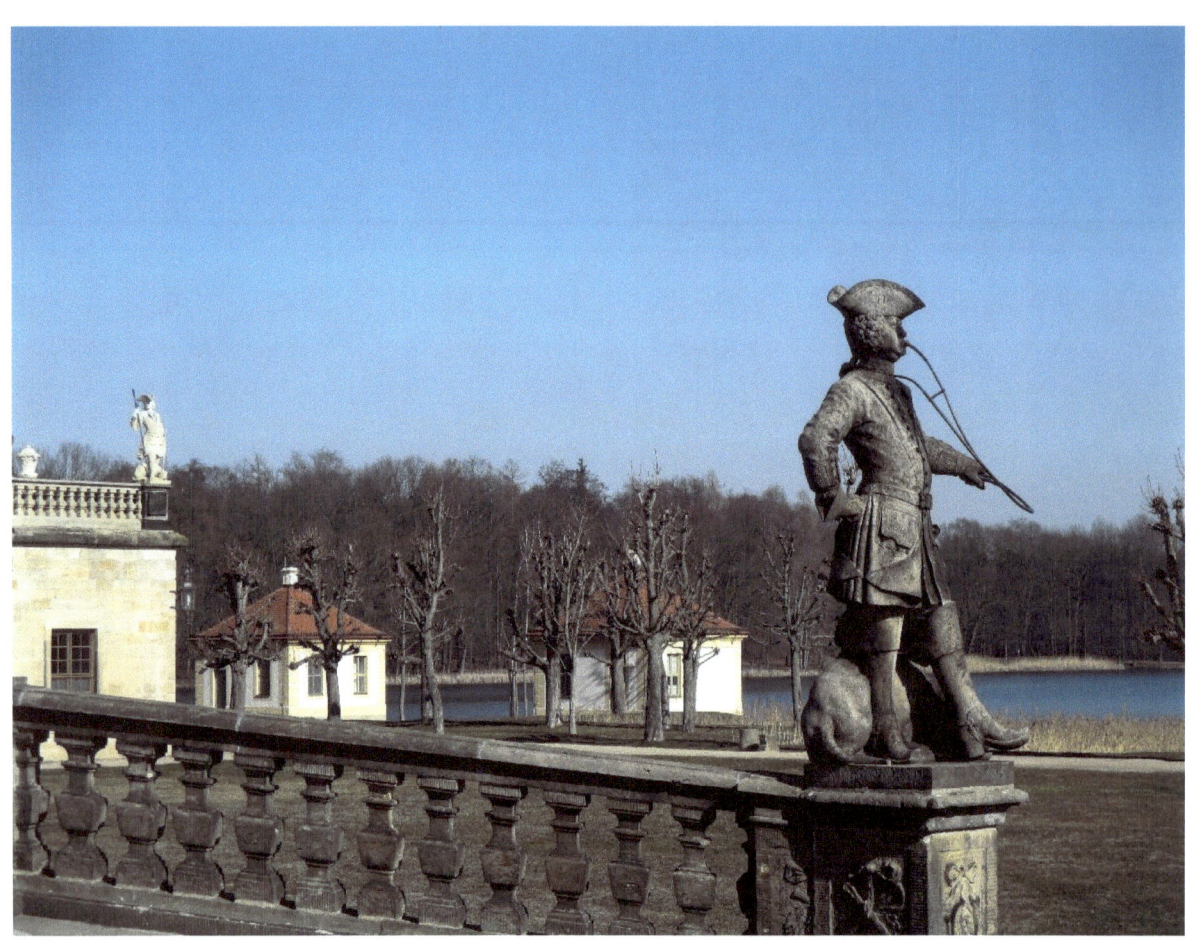
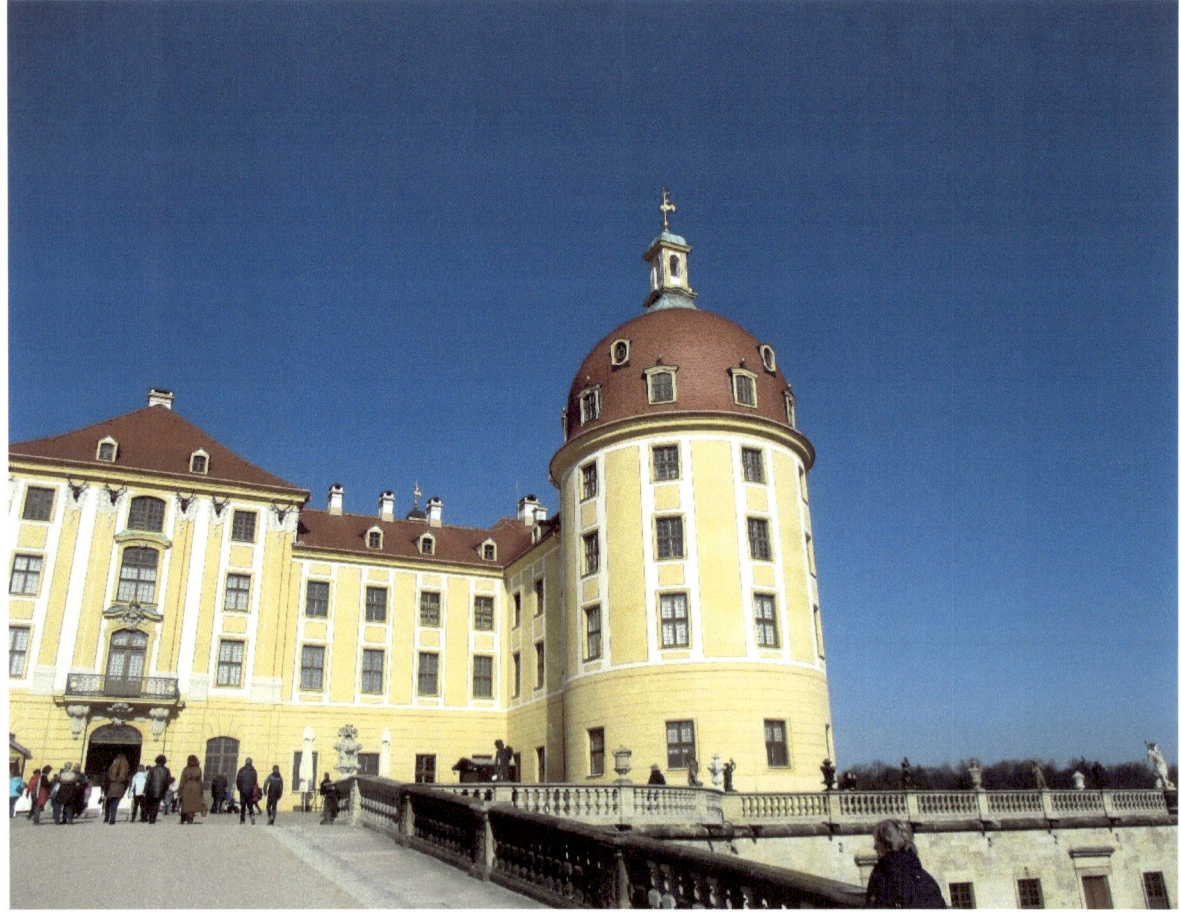

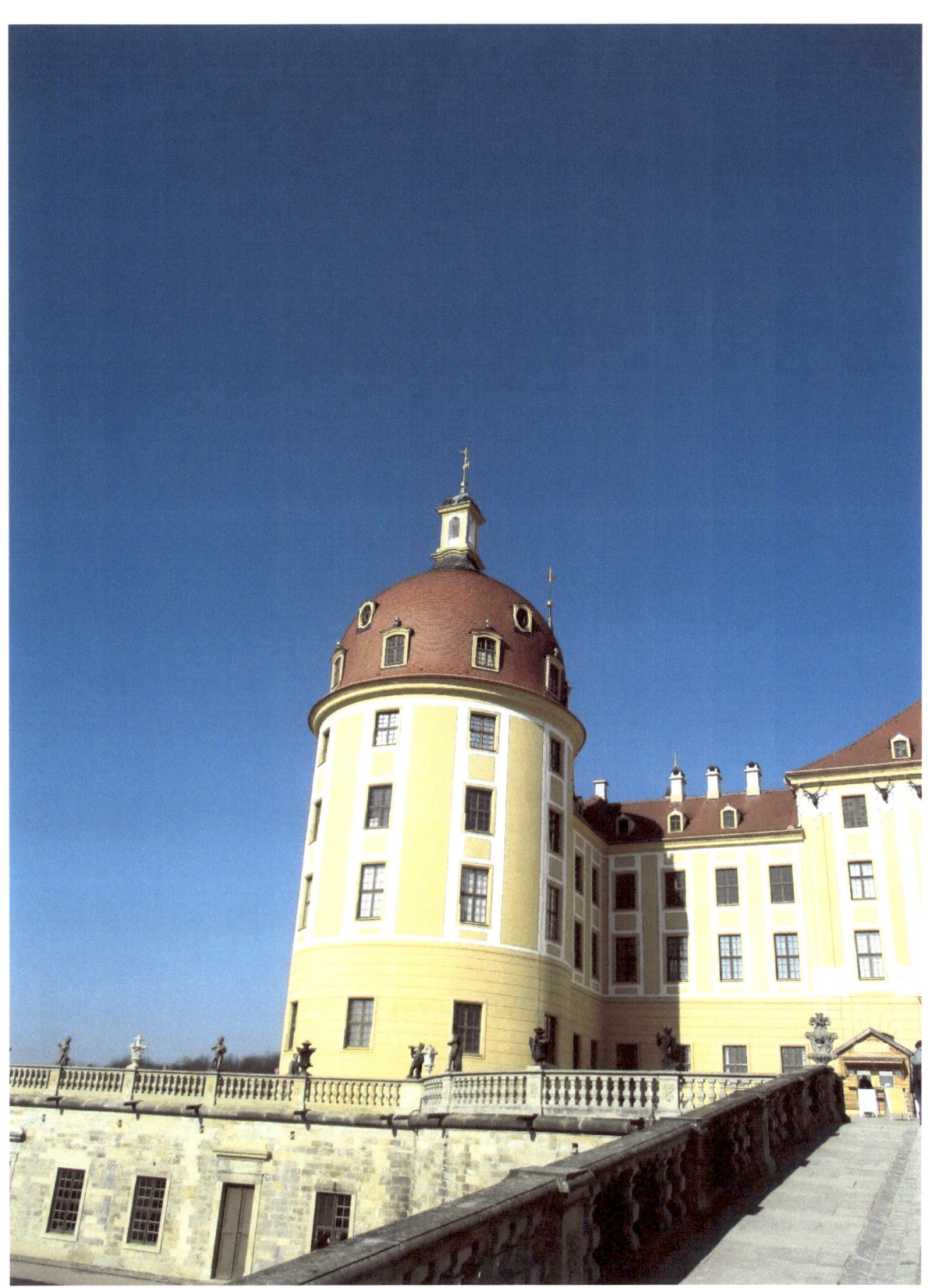

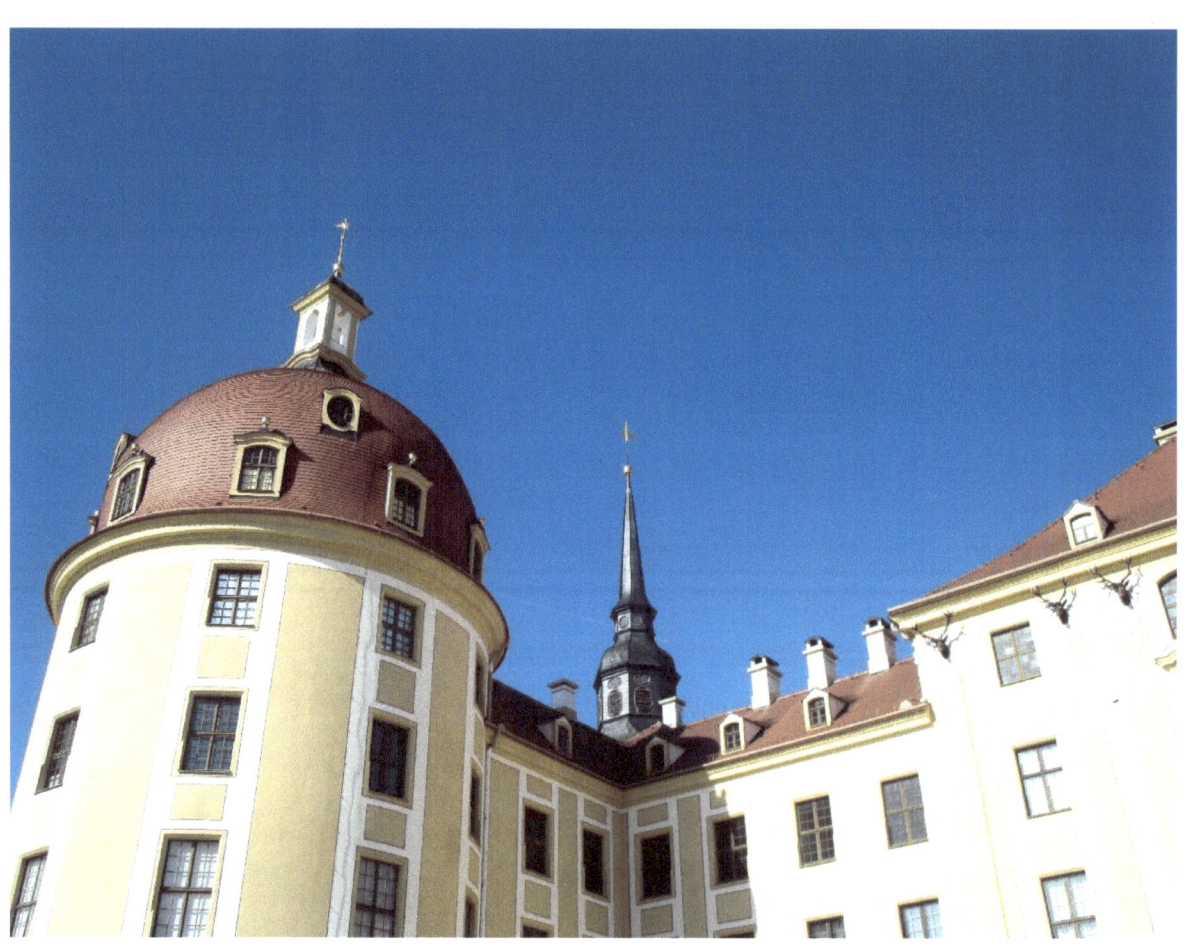
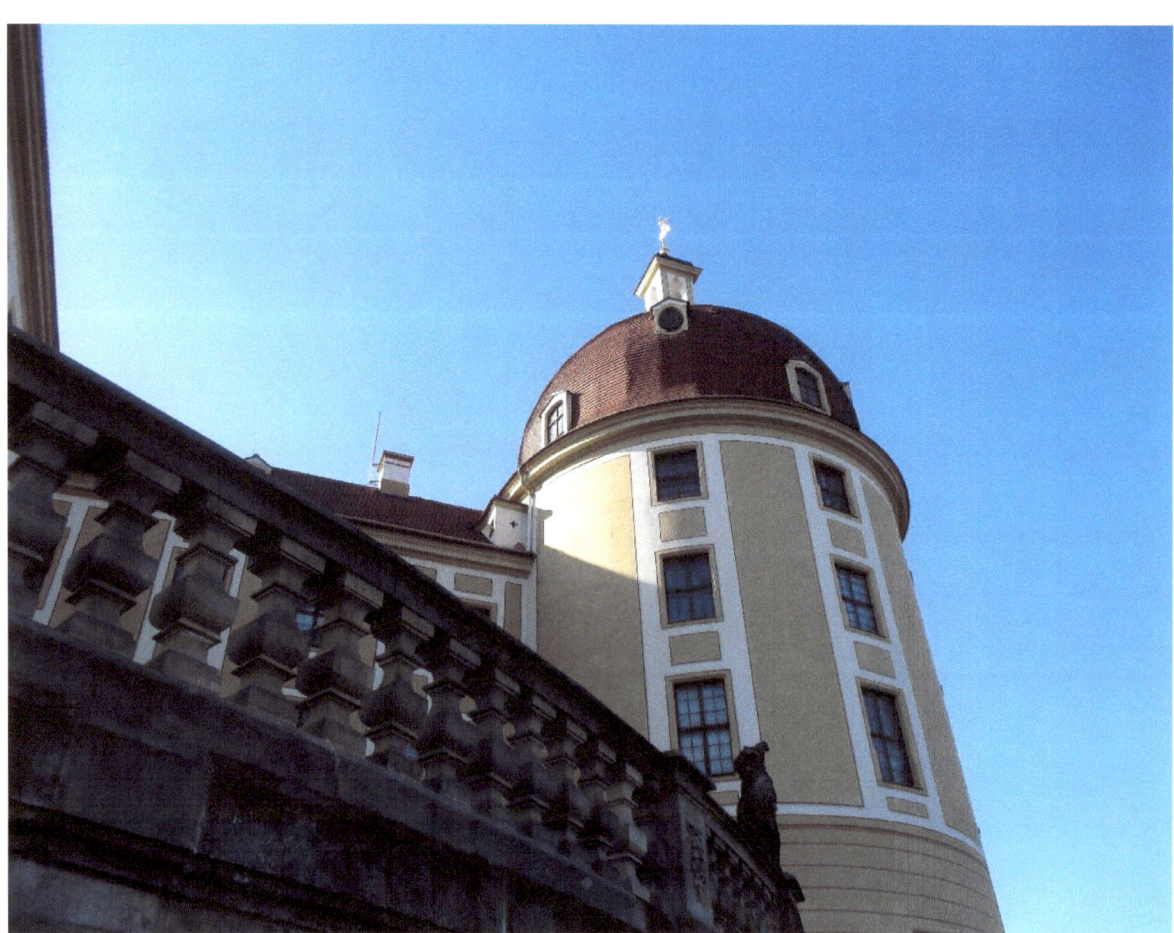

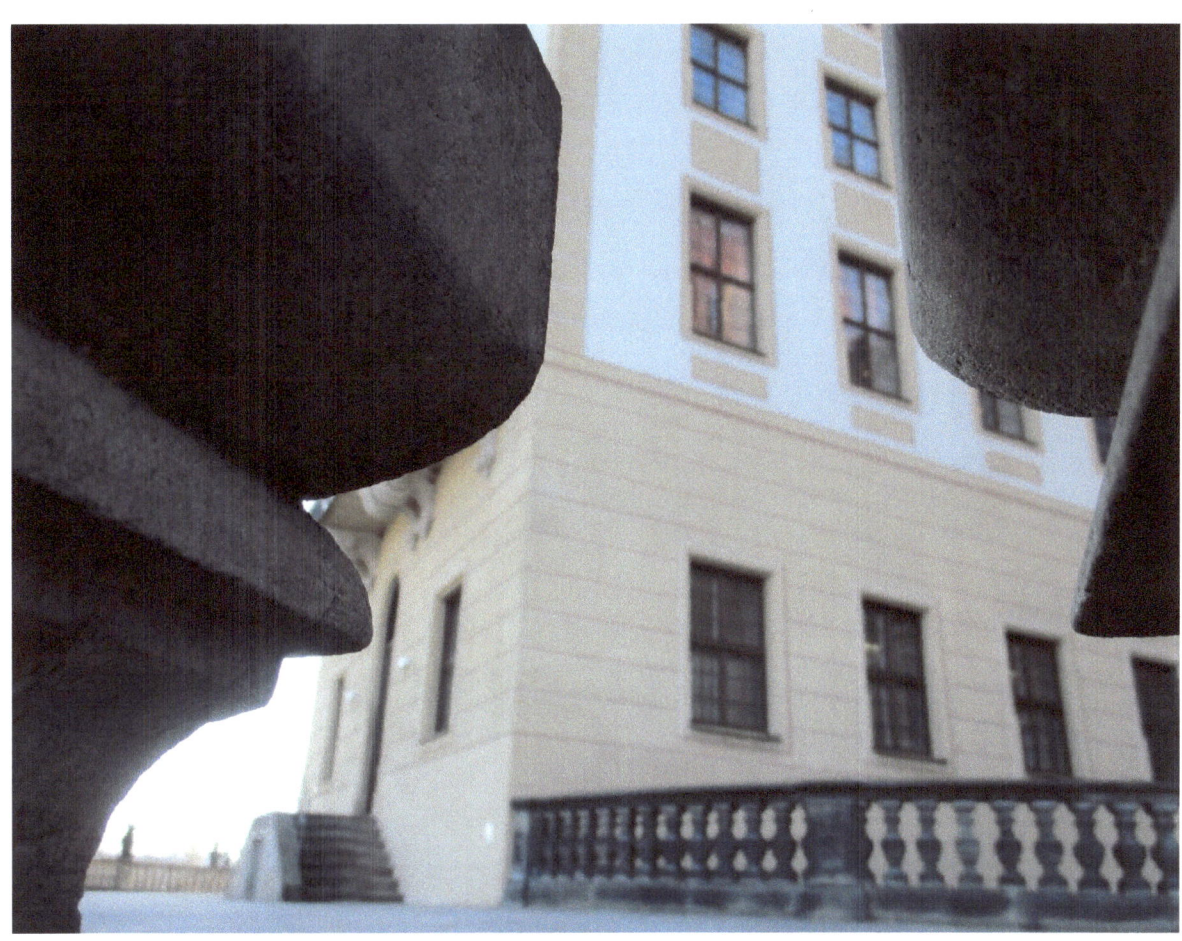
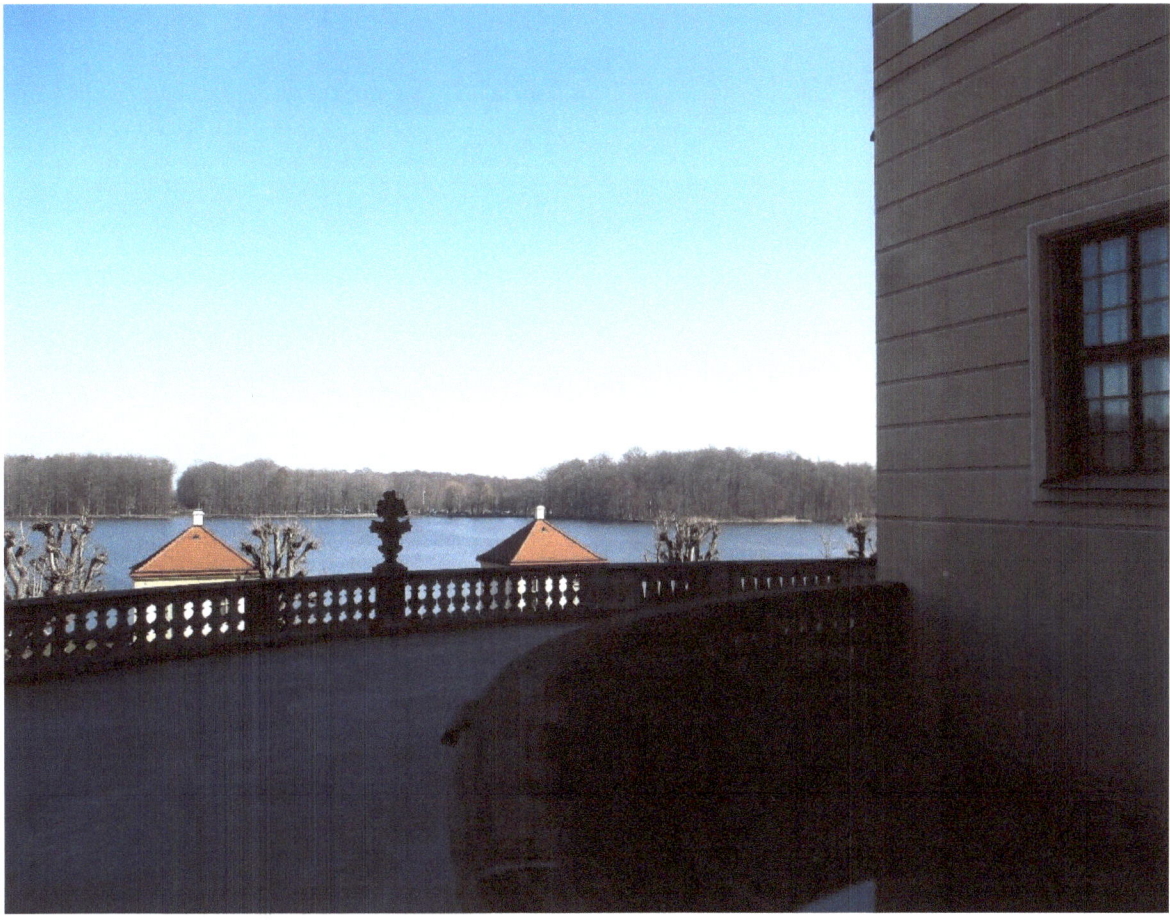

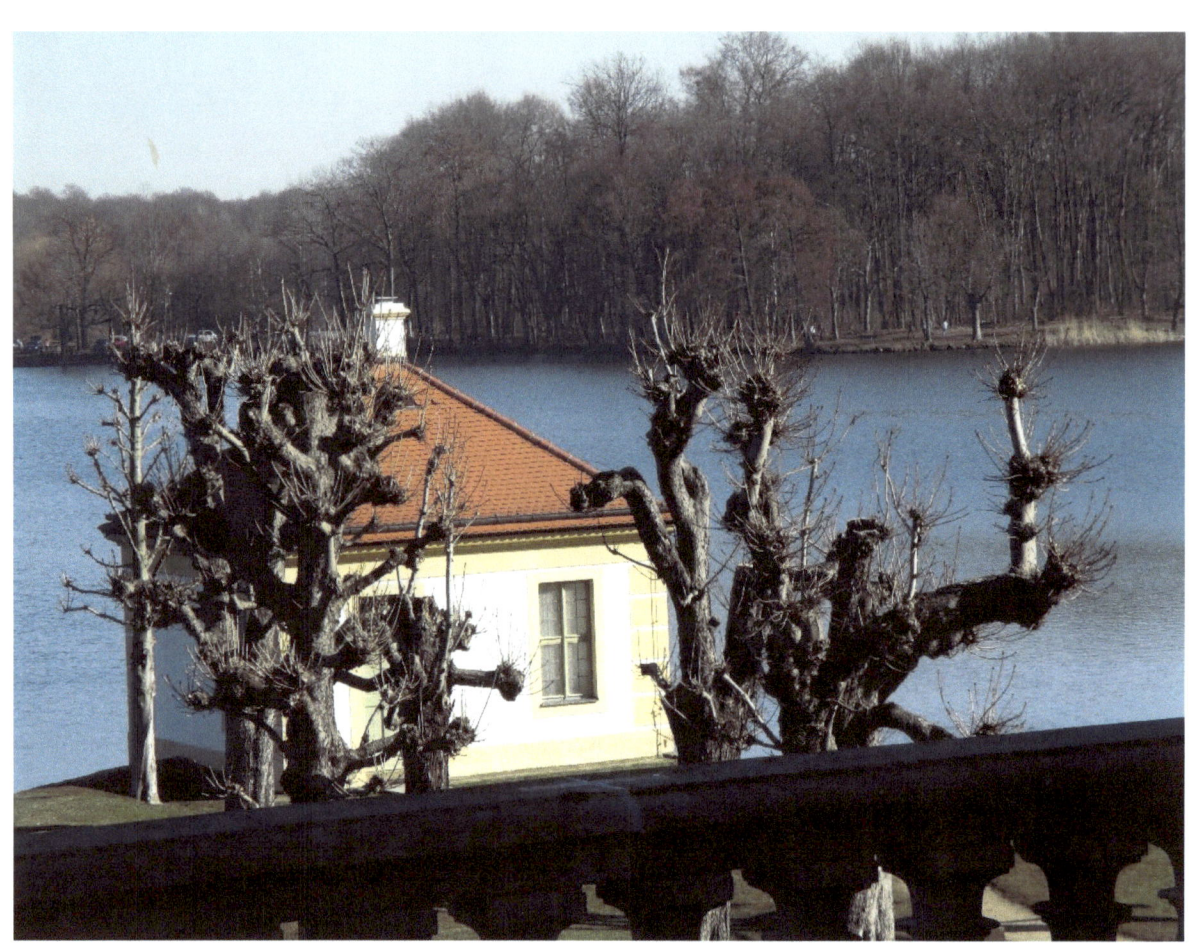
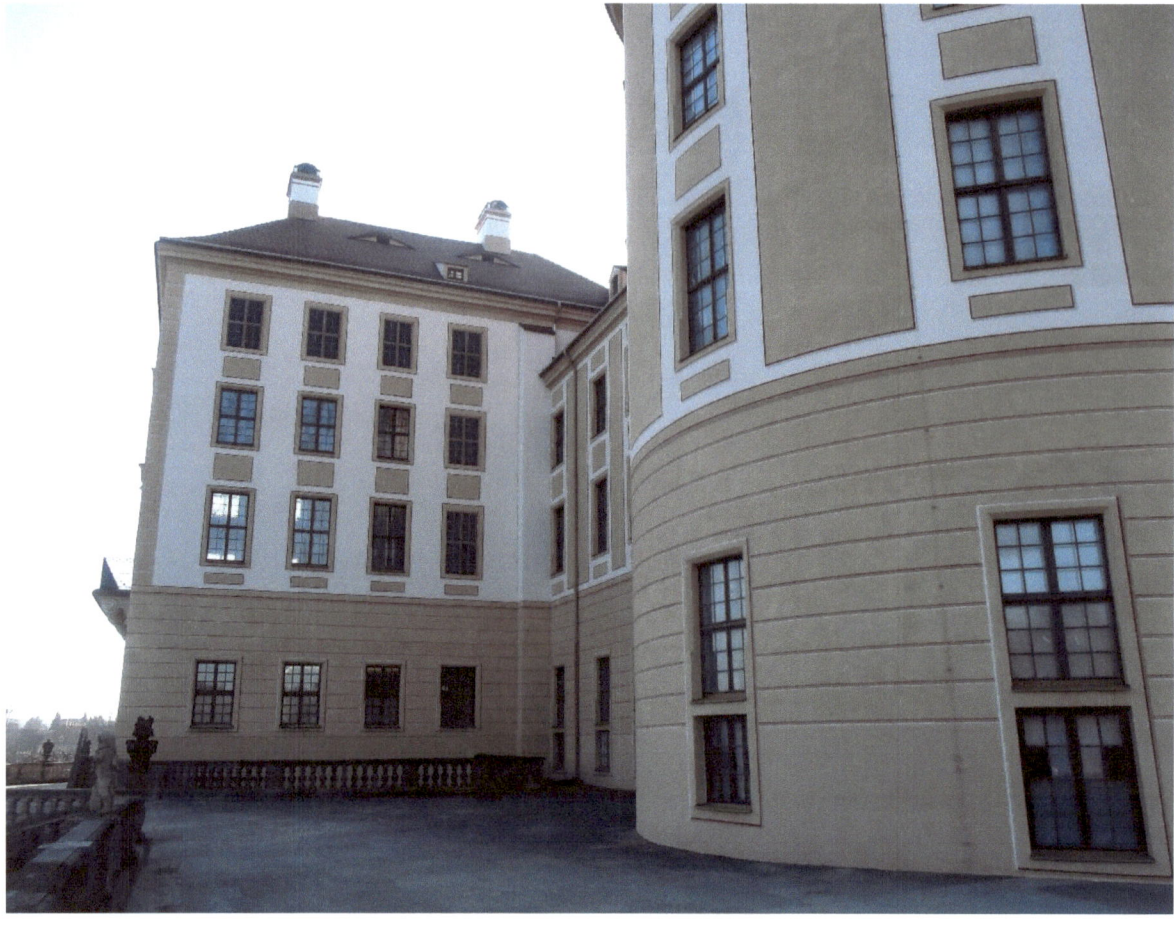

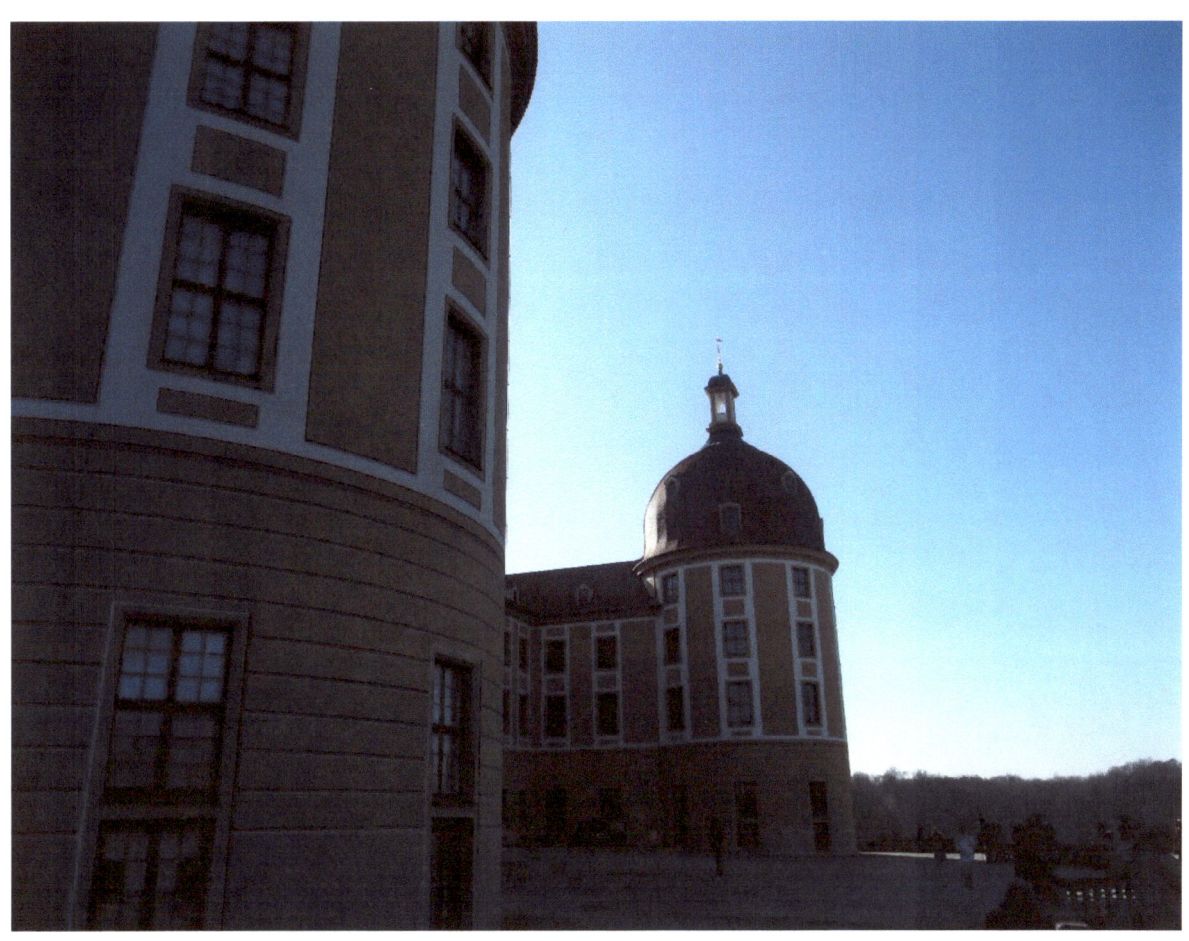
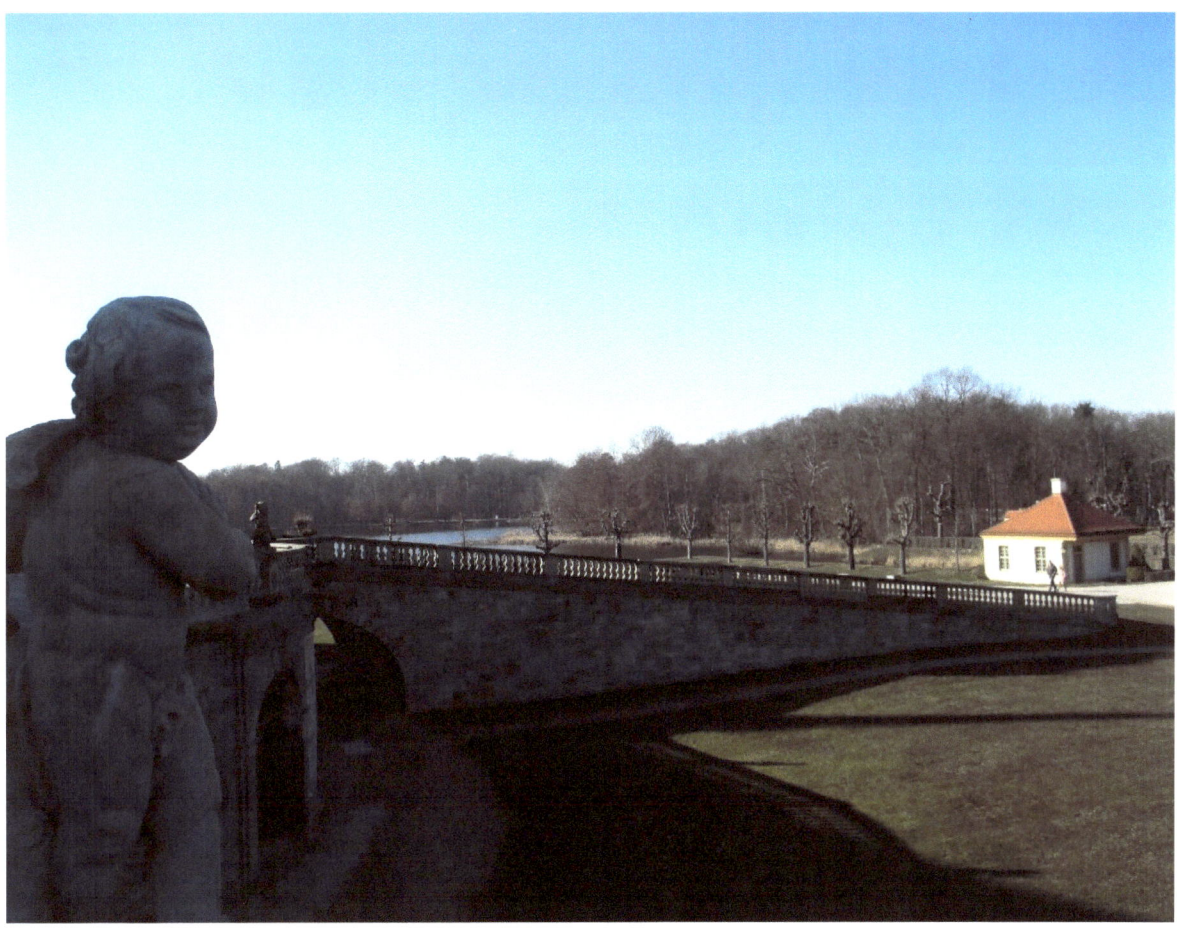

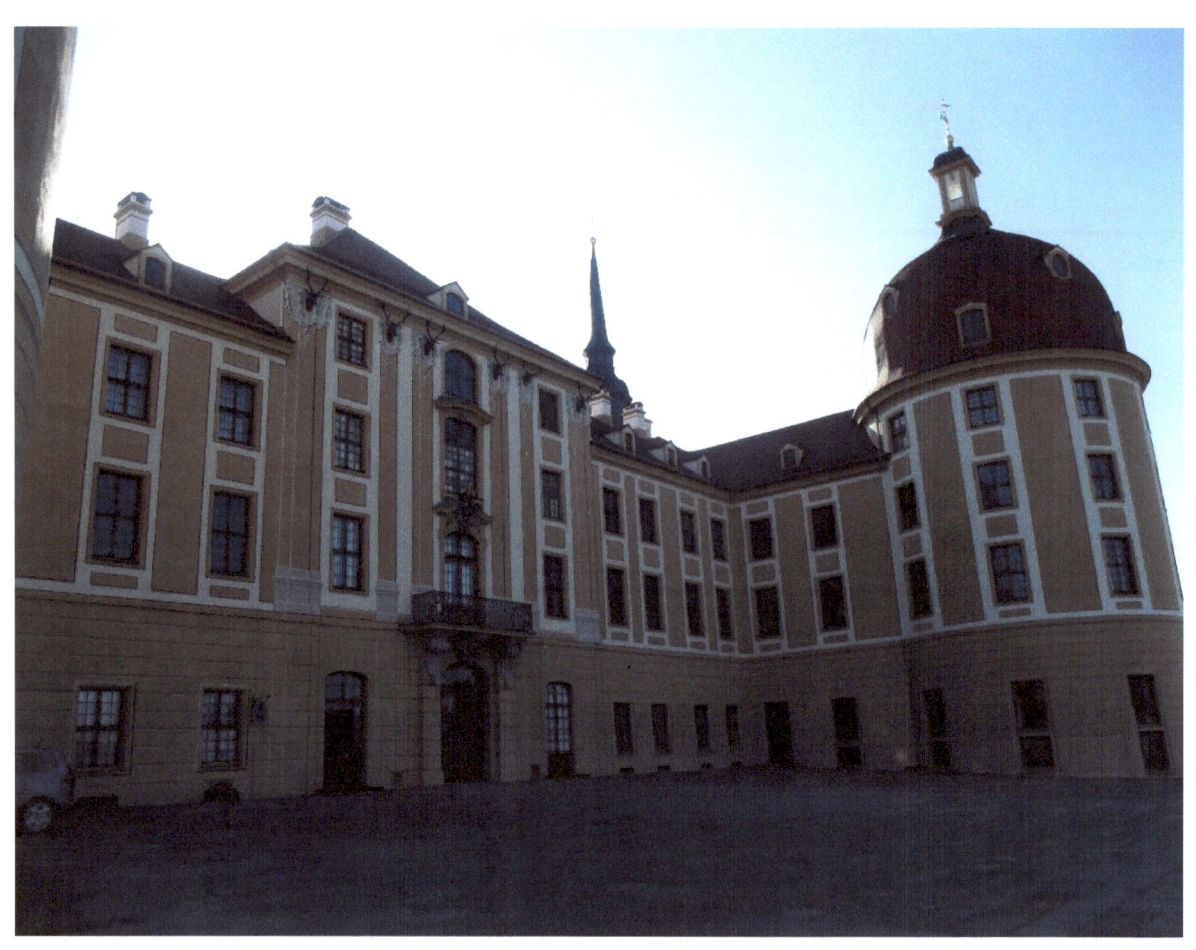

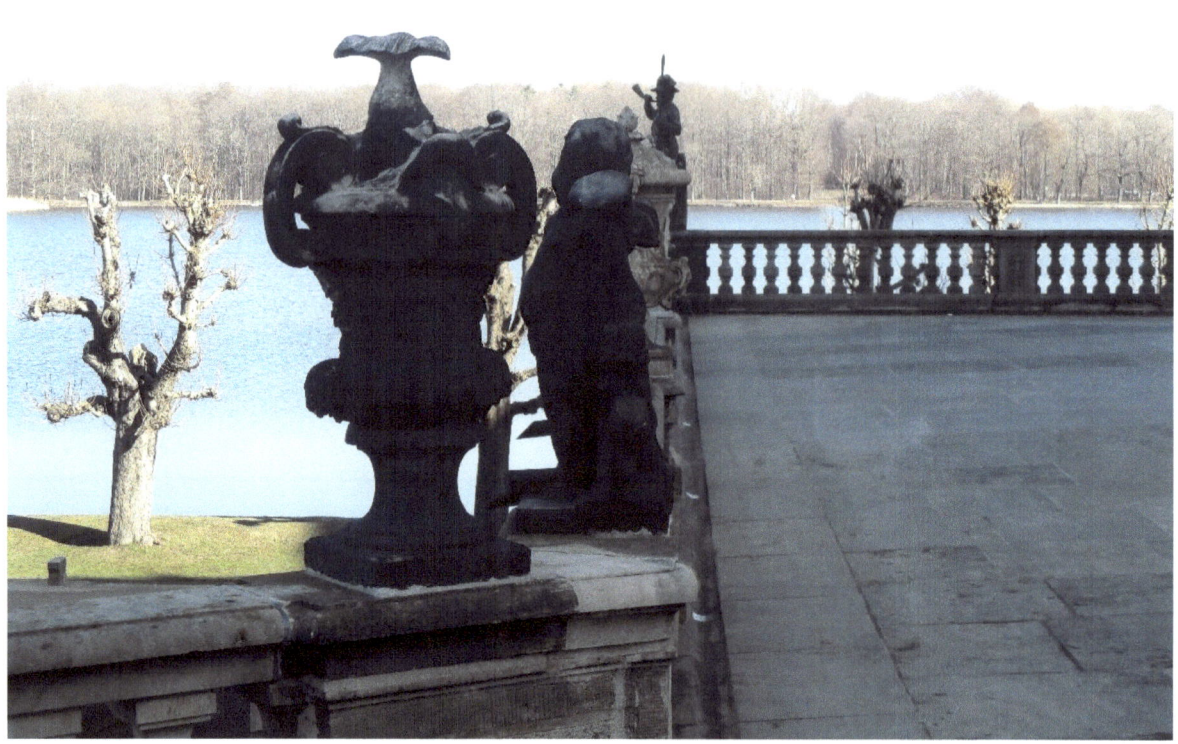

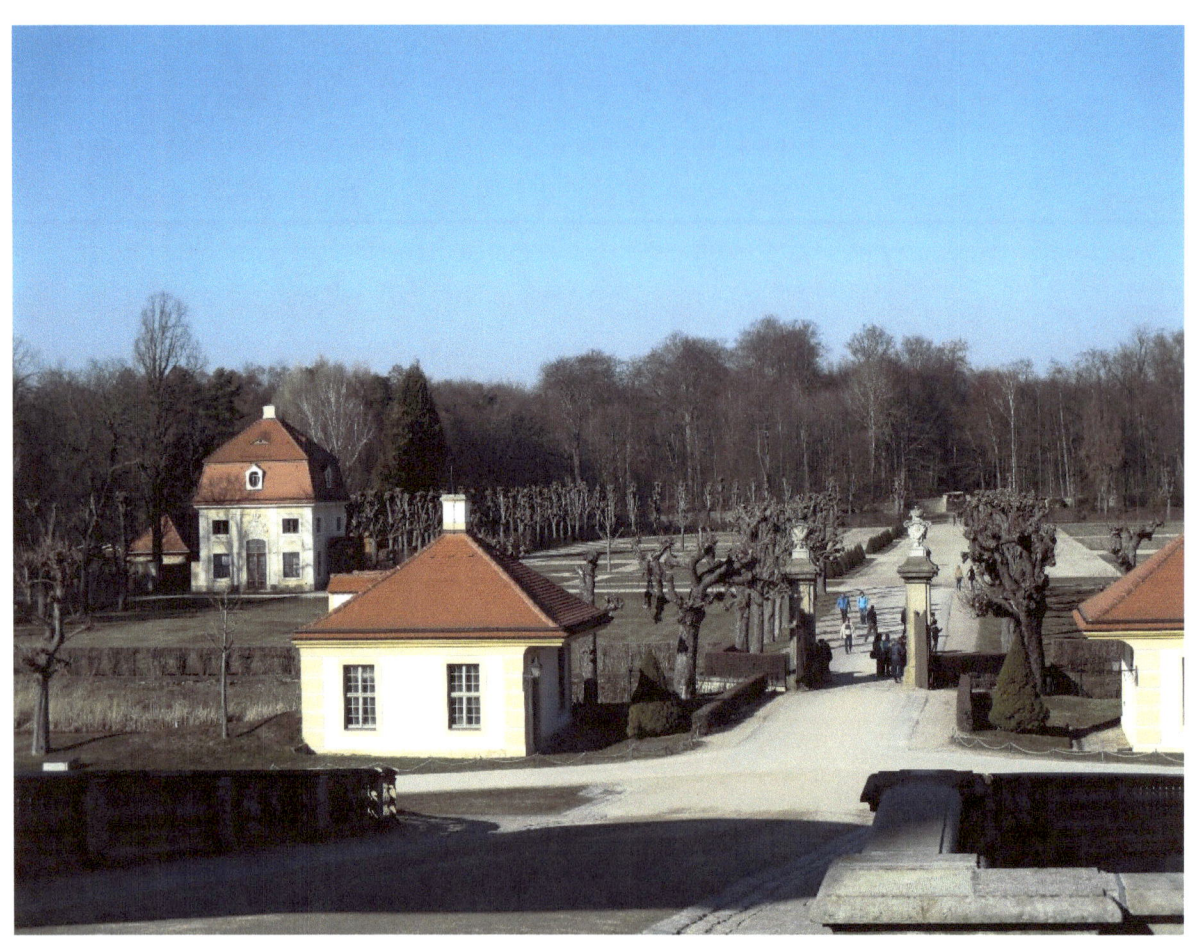
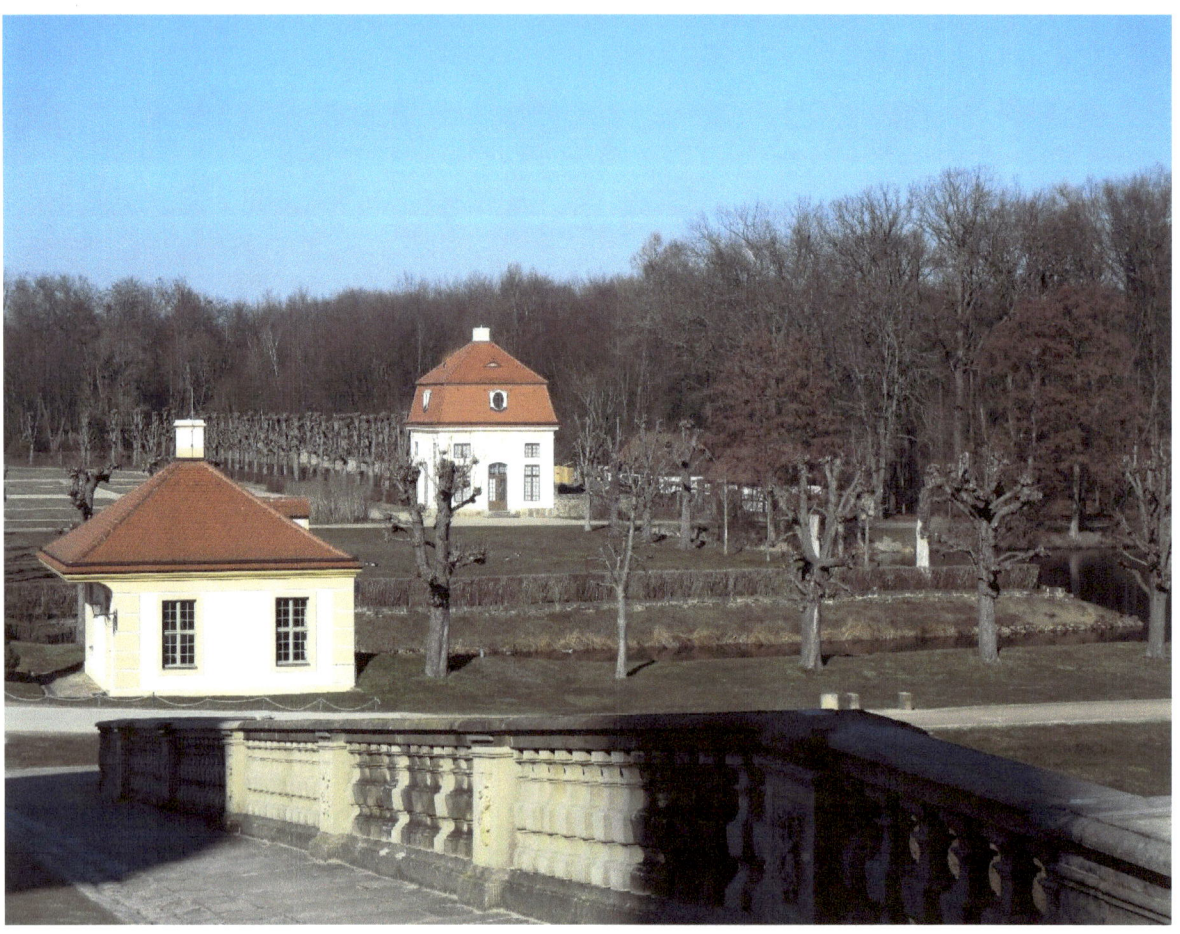

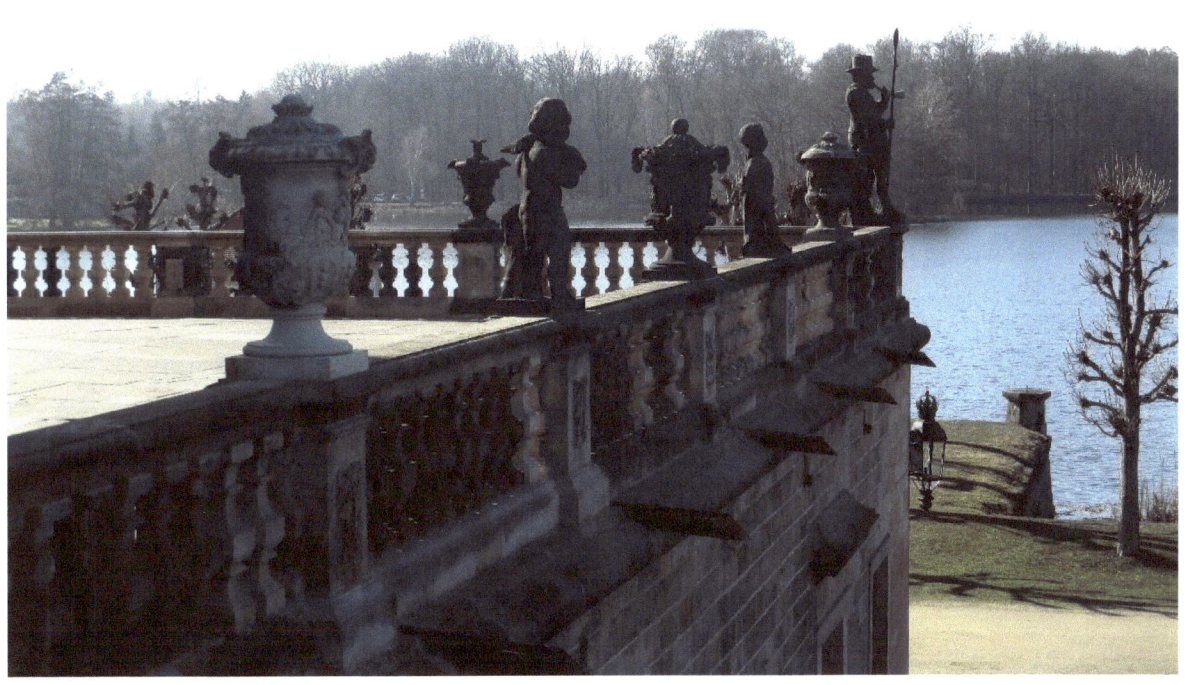

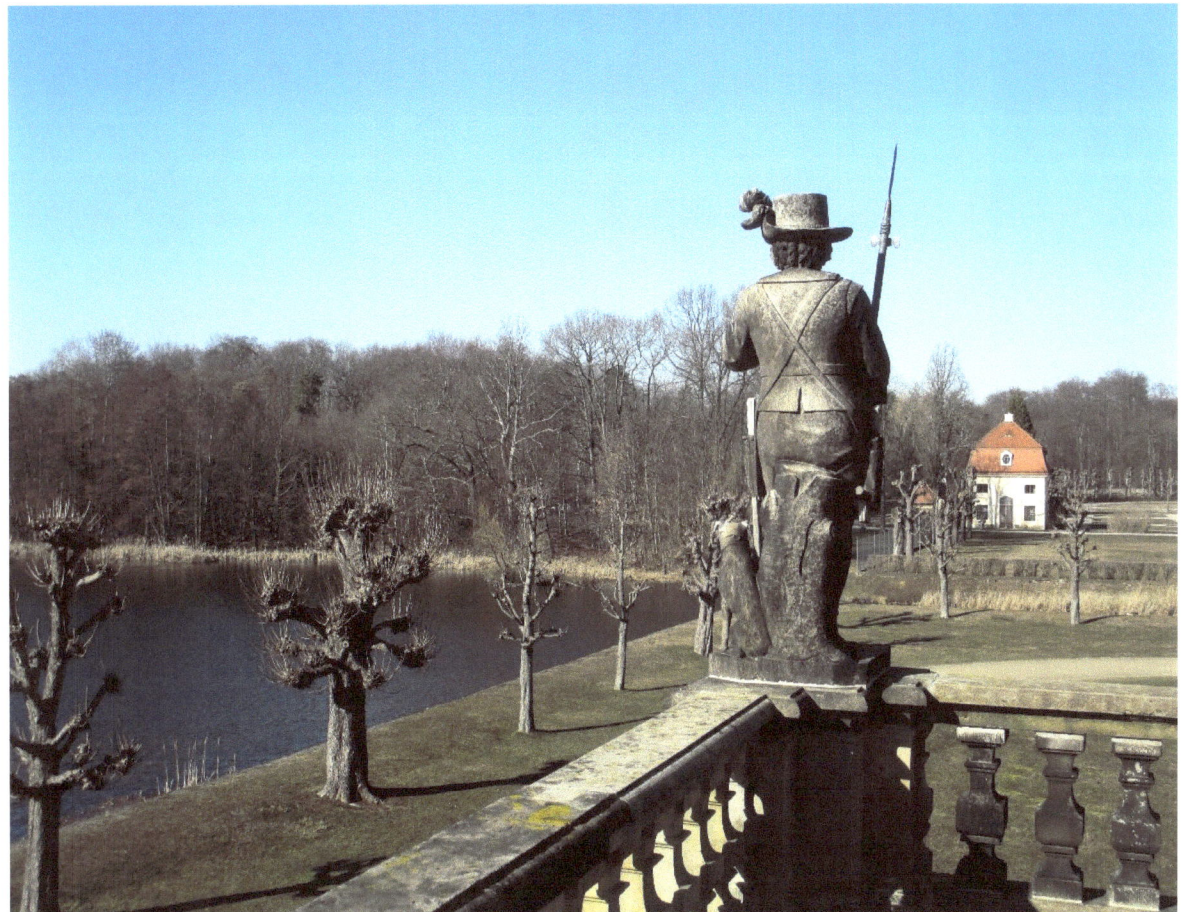

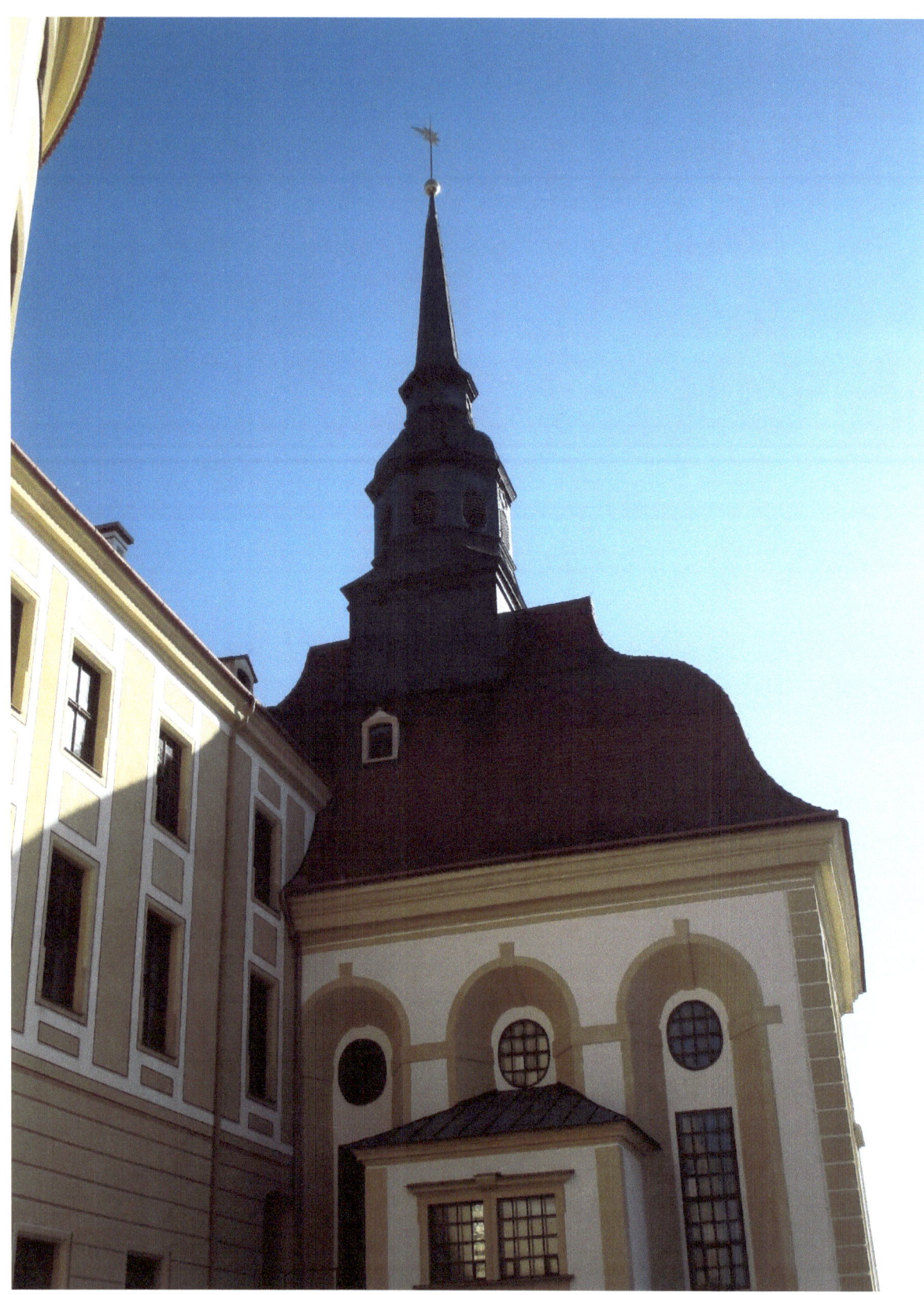

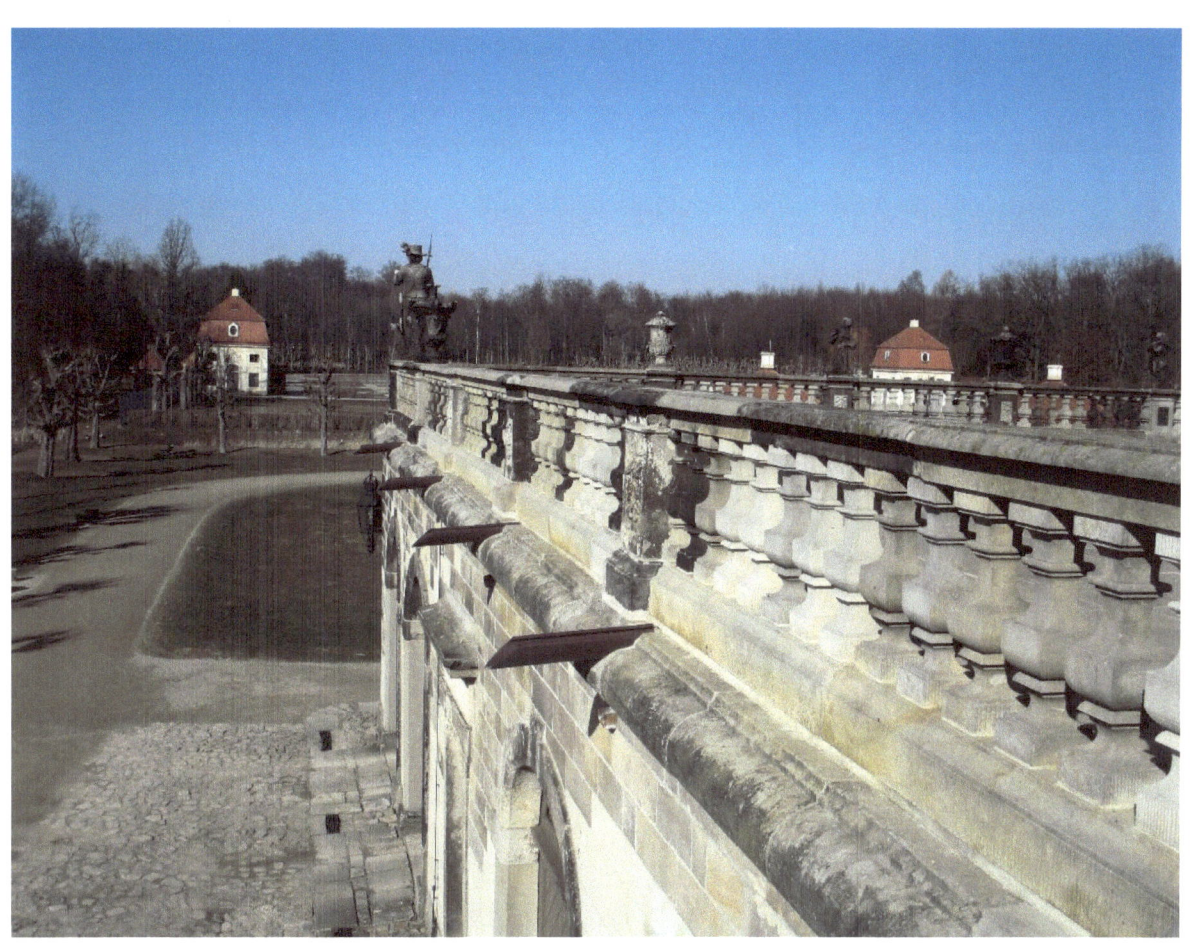

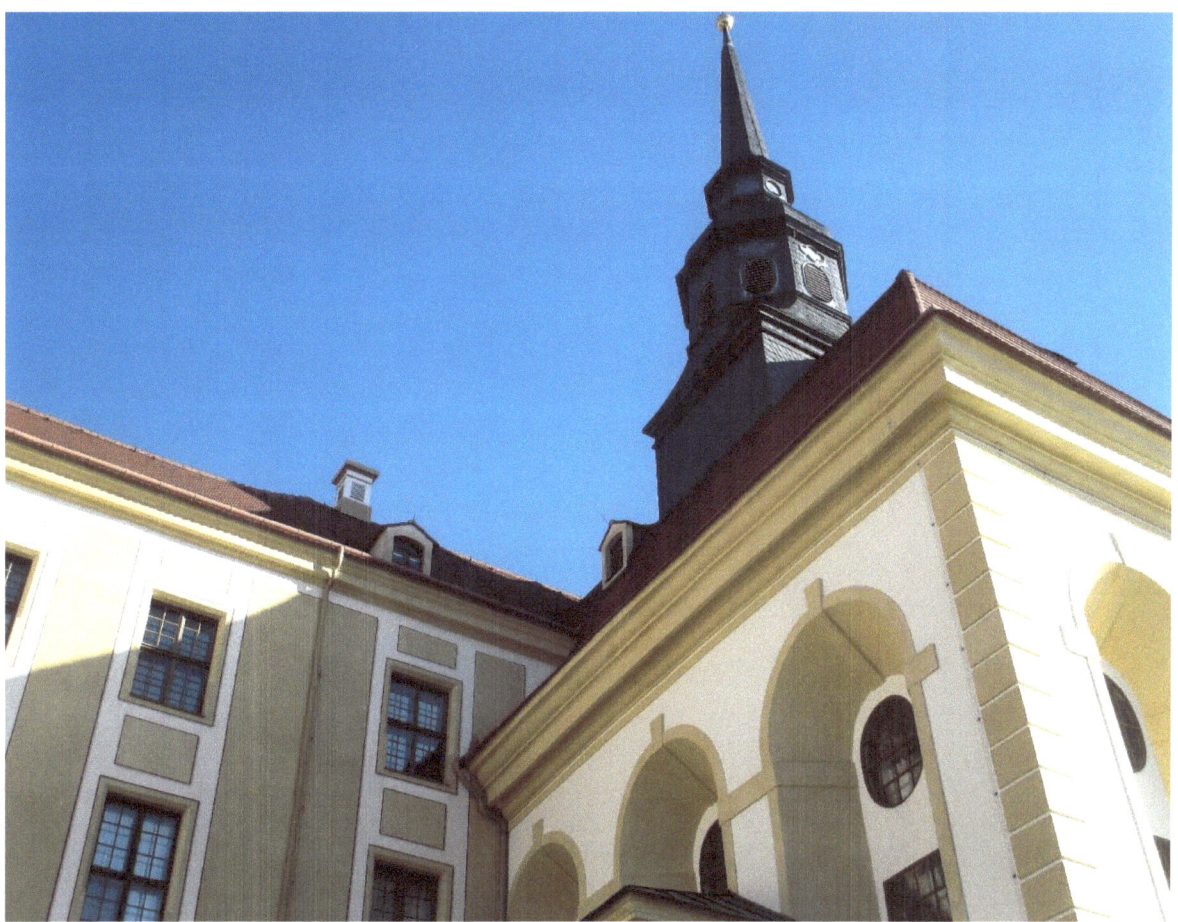

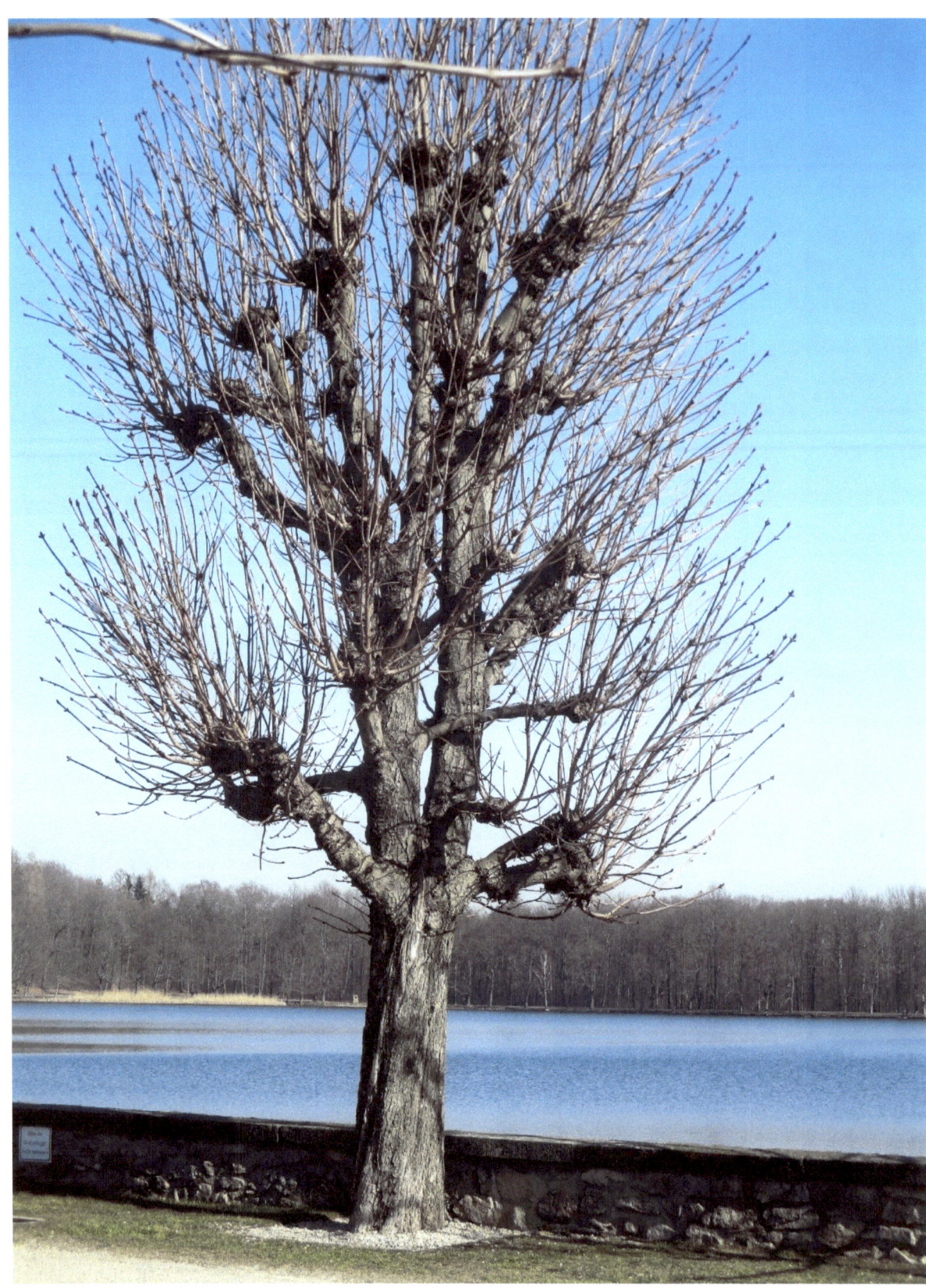

www.ingramcontent.com/pod-product-compliance
Lightning Source LLC
Chambersburg PA
CBHW051824210526
45473CB00005B/1723